主体的な学びを促す
インクルーシブ型
学級集団づくり

教師が変わり
子どもが変わる
15のコツ

河村茂雄

図書文化

| まえがき |

インクルーシブ教育をめざした特別支援教育と
主体的・対話的で深い学びをめざした授業改善を
ともに推進していくために

　本書は，通常学級における「インクルーシブ教育」の理念の実現をめざす教育実践と，「主体的・対話的で深い学び」の実現に向けた教育実践を，一体的に推進するポイントを提案します。

　変化の激しい知識基盤社会で，これからの学校教育には二つの大きな取組みが期待されています。一つは，「共生社会の形成に向けたインクルーシブ教育システム構築のための特別支援教育の推進」です。もう一つは，「主体的・対話的で深い学びの実現に向けた授業改善」です。

　どちらの達成もそれぞれにかなりハードルが高いもので，多くの教員が試行錯誤している状態です。

　特別支援教育と主体的・対話的で深い学びの実現に向けた授業改善は，政策や研究レベルでは別々に語られることも多いのですが，教室では一緒に展開していきます。そのため多くの教員は，教室の中に様々な教育目標・スタンダードが乱立しているように感じ，とても苦戦しています。実際に，特別支援を必要とする子どもがいるので授業改善がうまくいかないという声や，特別支援教育に精一杯で主体的な学びに向けた授業改善にまで手が回らないという状況も現出しています。

　このような中で，多くのQ-Uのデータの中から，障害のある子どもを含むすべての子どもの適応がよく，学力テストの学級の平均得点が有意に高く，学習活動も高いレベルで達成されている学級集団を抽出し，そのような学級集団を担任していると考えられる教員の学級集団づくりや

生徒指導，授業づくりについて聞き取り・観察調査をしてきました。

　その結果としてわかってきたのは，抽出された学級集団の教員たちは，今後期待されるインクルーシブ教育の実現に向けた特別支援教育と，主体的・対話的で深い学びの実現に向けた授業改善の必要性にすでに気づき，その理念を生かす教育方法や指導行動を自ら工夫して，日々の教育実践に取り入れていたということです。そして，その取り組み方に，これからの教員が参考にすべき大きなヒントがあったのです。

　まずは，学級集団づくりのあり方です。

　知識基盤社会で必要とされる資質・能力（コンピテンシー）は，学習者自身が，実地にそれらを活用する経験から獲得されるものです。それゆえ，学習の成果には子ども同士のかかわり合いから生まれる相互作用が良好で建設的な状態であることが大事です。そして，その相互作用の質を左右するのは，その場を包む学習集団の状態であり，日本の学校での学習集団は，そのまま学級集団であることがほとんどです。つまり，学級集団の状態が，子ども個々の学習に大きく影響するのです。

　また，学級集団の状態は，インクルーシブ教育システム構築に向けた特別支援教育の推進にも大きく影響します。なぜなら，学校の教育目標となる資質・能力の育成は，障害の有無にかかわらず，すべての子どもに対する教育目標だからです。

　抽出された学級集団の教員たちは，障害のある子どもを含むすべての子どものアクティブ・ラーニングを保障するために，一人一人の学び方（個に応じた学び方）が許容される，いわば「多様性を包含する学級集団づくり」を行なっていたのです。

　次に，子どもに対する指導のあり方です。

　同じく抽出された学級集団の教員たちは，生活場面での子どもへの指

導では，問題行動の発生を防ぐことを目標にするのではなく，子どもの自発的な行動を促すことを目標とした取組みを行っていました。また授業中も子ども個々の主体性を促し，特定の他者だけではなく多様な他者と積極的にかかわることを促す指導をしていました。

つまり，うまい教員の指導とは，「学級集団に問題を表出させない」というレベルではなく，「学級集団での生活や活動，学習などのあらゆる体験を，真に協働的な活動として活性化させながら，障害のある子どもを含むすべての子どもに主体的・対話的で深い学びとさせる」というレベルなのです。

以上から見えてくるのは，うまい教員が行っている「インクルーシブ教育の実現に向けた特別支援教育を推進する学級集団づくり・指導行動」は，「主体的・対話的で深い学びの実現に向けた授業改善を推進する学級集団づくり・指導行動」と共通の取組みであるということです。

結局のところ，子ども個々の適応感を高くし，学習活動も高いレベルで達成している教員は，「インクルーシブ教育の実現に向けた特別支援教育」と，「主体的・対話的で深い学びの実現に向けた授業改善」を一体化して推進しているのです。

さらに，上記の教員たちの学級集団にはもう一つ特徴がありました。

それは，子ども個々のかかわり合いが，すべて穏やかに日常生活に溶け込んでいたことです。例えば，特別支援を必要とする子どもが周囲から浮いていませんでしたし，特別支援を受けているという状況もことさら目立つことなく，とても自然でした。そのような学級集団には，大きな問題行動も発生していませんでした。

理想的な状態の学級集団を分析すると，このような状態は自然と生まれるものではなく，学級担任の計画的で緻密な取組みが，水面下で確実に展開されていることが見えてきます。

まえがき

　文部科学省中央教育審議会（2016）はカリキュラム・マネジメントの三つ柱の一つに，教育内容の質の向上に向けて，子どもたちの姿や地域の現状等についての実態の把握と，教育実践の成果についての的確な評価の必要性を指摘しています。

　うまい教員たちは，子ども個々と学級集団の状態を客観的に把握し，PDCAサイクルのもと，学級集団づくり・教育実践を実態に応じて継続的に改善しながら展開していたのです。つまり，この点に関しても，次期学習指導要領で注目されてくるカリキュラム・マネジメントの必要性にすでに気づき，取り組んでいたのです。その結果として，確実な成果を上げていたのです。

　本書は2部構成です。前半でこれからの学級経営における課題を指摘し，後半で生活指導や授業など日々の学級経営に通底する，学級集団づくりと指導行動のフレームワークを提案します。それは，多忙な中でも確実に成果を上げる教員たちが共通してもつ，「新たなことをたくさんするのではなく，従来やってきたことに対して，現状に応じる視点でやり方を改善して取り組む」という発想に基づくものです。

　日本の学校教育が大きく変化していくこの時期に，新学習指導要領が本格実施されるこの時期に，教室に集う子ども個々の実態に応じて，学びの多い学級集団づくりをめざしている教育関係の方々に，本書をたたき台にしていただけたら幸いです。

　　2018年3月
　　次の新たな10年に向けて
　　自分自身のパラダイム転換の必要性を感じながら

　　　　　　　　　　　　　　　　　　　　　　早稲田大学教授
　　　　　　　　　　　　　　　　　博士（心理学）　河村茂雄

主体的な学びを促す
インクルーシブ型学級集団づくり
――教師が変わり 子どもが変わる 15 のコツ

| 目次 |

まえがき.

インクルーシブ教育をめざした特別支援教育と

主体的・対話的で深い学びをめざした授業改善を

ともに推進していくために……………………………………………… 2

第 1 部. 学級経営の新しいパラダイム

　1 章　これからの教員の力量…………………………………… 10

　　　column　アクティブ・ラーニングのゼロ段階……………………… 14

　2 章　これからの学級集団づくり……………………………… 16

　　　column　社会的障壁の少ない学級集団とは………………………… 18

　　　column　「開かれた個」をめざして………………………………… 24

　3 章　これからの指導行動のあり方…………………………… 26

　4 章　これまでのやり方では失敗する………………………… 29

第2部. 指導を変える15のコツ

0 多様性を包含する学級集団をめざす……………………………34

◎学級集団づくりのチェックポイント

1 ルール共有でワンランク上の対応をする〔ルール学習〕………44

　　column ソーシャルスキルの考え方…………………………………54

2 リレーション形成でワンランク上の対応をする〔普遍化信頼〕…56

3 すべての子どもの支援レベルに対応する……………………………65

　　column 「ゼロ段階」までの学級集団づくり………………………71

4 すべての子どもの承認欲求に対応する……………………………76

5 子どもの支援レベルに応じて学級集団の育成方針を決める……82

◎指導行動のチェックポイント

6 望ましい行動を示し，それに近づくように支援する…………90

7 行動の仕方は具体的に明確に指示する………………………………93

8 タイムリーな言葉かけで主体的な行動を支援する……………99

9 ポジティブな言葉かけを意図的に増やす〔リフレーミング〕…105

10 子ども個々の自己効力感を確実に高める…………………………108

11 最初から多様な学習方法を提示し自己選択させる……………115

12 未熟なソーシャルスキルを見定め，支援する…………………120

13 マイナスの相互作用の発生を予防する……………………………123

　　column 集団圧力による不適切な指導行動………………………128

14 アドボカシー的対応をする………………………………………130

15 デュアルタスク機能を高める……………………………………134

　　column Q-Uとは………………………………………………………137

第1部

学級経営の新しいパラダイム

第1部　学級経営の新しいパラダイム

第1章

これからの教員の力量

本書の構成について

　本書は，これからの学級経営における，変革すべき課題を指摘するとともに，その解決をめざして教員が取り組むべきことを解説します。

　第1部では，その課題とは何か，課題がもつ教育的意義とは何か，そして課題の達成が教員にとってなぜ難しいかを解説します。

　第2部（p.33〜）では，第1部で指摘した課題に対して，教員は日々の指導（学級集団づくり・子どもへの指導行動）をどうすればよいか，Q-Uのマスデータやうまい教員の手立てを参照しつつ，解説します。

学級経営の2大テーマ ―特別支援教育と授業づくり―

　これからの子どもが生きるのは，新しい知識・情報・技術が政治・経済・文化をはじめ社会のあらゆる領域での活動の基盤として飛躍的に重要性を増す社会，いわゆる「知識基盤社会」です。そこで，これからの学校教育には大きな取組みが期待されています。おもに次の二つです。

○共生社会の形成に向けたインクルーシブ教育システム構築のための特別支援教育の推進
○主体的・対話的で深い学びの実現に向けた授業改善

10

第1章　これからの教員の力量

　前者の共生社会とは，「誰もが相互に人格と個性を尊重し支え合い，人々の多様な在り方を相互に認め合える全員参加型の社会」と説明されています（中央教育審議会，2012）。そして，共生社会の形成に向けたインクルーシブ教育システムとは，障害の有無にかかわらず，すべての子どもができるだけ同じ場で共に学び育つことをめざす仕組みを言います。つまり，これからの特別支援教育は，障害のある子どもも可能な限り通常学級に在籍して，ほかの子どもと一緒に生活し学習できることをめざしています。

　後者は，情報や知識が急速に更新されていく変化の激しい社会で，自らも知識や技術を更新し，他者と協働して新たな状況下に応じた最適解を生み出していくための，資質・能力（コンピテンシー）の育成を重視した授業づくりです。具体的には，教員が一方的に学習内容の説明をし，学習者はそれを聴き理解し記憶するというような知識伝達型スタイルに基づく授業づくりでは不十分で，学習者の主体的な参加を促し，協同活動の中で学習者の思考を活性化させていくような，アクティブな学びを取り入れたスタイルに基づく授業づくりをめざしていくのです。

　前者の難しさは，特別支援教育が本格実施されてから「特別な支援を必要としている児童生徒が在籍しているので，指導が行き届かず，学級経営がうまくいかない」という話が学校現場から数多く報告されながらも，その問題が現在でも解決されきれていない点です。

　後者の難しさは，「子ども個々の人間関係形成能力が低下している」「親和的でまとまりのある学級集団の形成が難しくなってきた」と指摘されている中で，協同学習型の授業づくりが求められている点です。

表裏一体で推進する

　特別支援教育と授業づくりをめぐる以上のような課題は，政策や研究

11

第1部　学級経営の新しいパラダイム

レベルでは別々に語られることが多いものですが，教室では一緒に展開されていくものです。

そして，資質・能力の育成は，主体的・対話的で深い学びの実現に向けた授業づくりの目的であるとともに，障害の有無にかかわらず，すべての子どもに対する教育目標です。

つまり，これからの教育では，「大きな問題にはなっていない」「どれもそこそこできる」というレベルは，水準に達していると言えなくなります。

以上の前提を踏まえて，まず，以下の点を指摘します。

○これからの教員は，子どもの不適切な行動を取り上げて矯正するというよりも，その代替となり得る適切な行動を示して，それに子どもが自ら近づいていくのを支援することが必要です。なぜなら，こういう支援は，子どもの問題行動や不適応感の生起を予防するだけでなく，学校教育の目標となる資質・能力を育成する教育効果も高いからです。

基盤となる学級集団

これからの学校教育では，障害のある子どももできる限り同じ教室で学ばせながら，すべての子どもの主体的・対話的で深い学びを保障することが目標とされます。

いっぽうで，学習者同士に発生する「相互作用の質」を左右するのは，その場を包む学習集団の状態です。日本の学校では，学級集団がそのまま学習集団となることがほとんどです。ですから，学級集団の状態が，授業全体の質と子ども個々の学習活動の質に大きく影響します。

つまり，これからは，インクルーシブ教育にもアクティブ・ラーニングにも，共にフィットする学級集団を形成することが必要です。

12

第1章　これからの教員の力量

学級担任に求められること

　様々な個性をもつ子ども個々が，各々に適したあり方で，教育目標となる資質・能力をそれぞれに獲得していくことを推進するために，教員は次のような展開で支援していくことが求められます。

①「安定と柔軟性がある学級集団」を形成する

②①の中で子ども同士でのかかわりの中に，建設的な相互作用が生起されるように支援する

③相互作用の中からすべての子どもが，学校教育の目標である資質・能力を獲得できるように，様々な学習場面で個のニーズに応じて支援する

　以上の①〜③を端的に言うと，「学級集団づくり」「教員の指導行動のあり方」「授業づくり（集団での学習活動）」です。

　つまり，これからの教育目標を達成するためには，教員が知識伝達型スタイルの授業からアクティブな学びを取り入れたスタイルの授業へと「授業づくり」のあり方のみを変革すればいいのではなく，アクティブな学びを取り入れた「授業づくり」と，多様性を包含する「学級集団づくり」と，子ども個々の主体性を引き出す「教員の指導行動」とセットで取り組まれなければなりません。子ども個々は①〜③が統合されて展開される中で，学校の教育目標である資質・能力を自ら獲得していくことができるのです。

　この取組みを実現するためには，従来の「学級集団づくり」と「教員の指導行動」に馴染んだ教員にとっては，パラダイム（常識と考えられてきた物の見方や捉え方）の転換が求められます。

column
アクティブ・ラーニングのゼロ段階

学習形態は実態に応じる

　主体的・対話的で深い学び（アクティブ・ラーニング）の実現に向けた授業とは，必ずしも教員の授業づくりが特定の学習形態を踏まえているというものではなく，子どもが育成すべき資質・能力を身につけるために必要な学習過程を担保しているものとされます。

　そして，授業づくりにおいて，子どもたちの学習形態（個別，ペア等々）は，教員の思いで決定されるものではなく，学級集団の子ども個々の実態と，学級集団の状態に規定されるものです。

　このとき焦点化したい子ども個々の実態とは，子どもの基礎学力やソーシャルスキル，協同意識のレベルです。また，学級集団の状態とは，学級集団の子どもの人間関係（協同関係）の構築度です。

　アクティブな学びを取り入れた授業は，子どもにとって自由度の高い学習形態です。それゆえ，もし学級集団の子どもたちの多くがセルフコントロールができず協同意識も希薄な状態ならば，また学級集団の雰囲気が建設的なものでなければ，子どもたちは与えられた自由度を生かせず，主体的・対話的で深い学びにはつながらないのです。教員は自由闊達な学習活動を仕組んだつもりでも，かえって単なる遊びのようになってしまうことも少なくありません。

授業スタイルの目安

　したがって，これからの授業づくりでは，学級集団に所属している子ども個々の実態と学級集団の状態に合わせて，子ども個々の学習がより主体的・対話的で深い学びに近づくような授業スタイル（構成と展開）を，教員は設定しなければならないのです。

column　アクティブ・ラーニングのゼロ段階

　教員が授業スタイルを設定する際の目安として，学級集団の状態に応じて，以下の5段階が想定されます（河村，2017A）。

0）統制的な指導が必要な学級集団

　子ども個々はほとんどセルフコントロールができない状態で，協同意識も希薄なので，教員が外から統制して方向づけながら学習させていく段階です。

1）自治性が低い学級集団 ＝「教員主導型」学習活動

　学級集団にルールが定着していないので，活動させる際に教員が一定の枠を与えることで，子ども個々の不安を低減させ，取り組みやすくさせながら学習させていく段階です。

2）自治性が中程度の学級集団 ＝「自主管理型」学習活動

　行動の仕方としてのルールの定着レベルを，一定の枠の中で学習活動を繰り返す中で，徐々に内在化させながら学習させていく段階です。

3）自治性が高い学級集団 ＝「自己教育・自主管理型」学習活動

　ルールが内在化して学級集団全体の学習活動も整然と活発になされる状態の中で，より自発的に学習させていく段階です。

4）自治性がとても高い学級集団 ＝「自治型」学習活動

　一人一人の子どもの自律性が高く，協同活動も十分にできるようになっている状態で，子ども個々の学習をより深めていけるようなテーマと活動の展開で学習させていく段階です。

第1部　学級経営の新しいパラダイム

第2章

これからの学級集団づくり

これまでの学級集団づくり

　社会で生きる力の中身が変化してきた中で，教員が行う「学級集団づくり」にもパラダイムの転換が求められます。

　従来の学校教育にフィットする学級集団は，「教員が一方向的に学習内容を説明し，学習者はそれを聴き理解し記憶するという，知識伝達型スタイルの授業」が効率よく展開できる状態，いわば，集団の斉一性が高く，教員の意図が子ども個々に伝わりやすい状態です。

　このような状態をめざして，従来，教員たちが行ってきた学級集団づくりとは，子どもたちに共通して見られる実態から共通の目標を前提にした学級集団づくりです。それは例えば，教室に集った子どもたちが，既成のルール（学校生活のルール，人とかかわるルール，集団生活のルール）のもとで，対人関係，集団生活・活動を通して，集団を学んでいく場，個が集団に適応するための集団の規律を理解し守ることを学んでいく場として，教員が学級集団を育成していくというものです。

　しかし，その中には，子ども個々の特性よりも全体の効率性が優先されるという面があることは否めません。そして，この面は，これからの教育目標を考慮すると，これまで以上にデメリットになります。

　そこで，これからの学級集団づくりは，大きな変革が求められます。

16

第2章　これからの学級集団づくり

学級集団づくりの新しいパラダイム

　これからの教育は，知識基盤社会で必要な資質・能力の育成を重視し，そのねらいを実現するために，子どもたちに，建設的な学習集団での協働的な学びを体験させる必要があるのです。

　したがって，「教員から一方向的に説明される知識を，子ども個々が理解し記憶することができやすい規律」，いわば「整然とした規律」があるだけの学級集団では不十分であり，学習者同士の相互作用が自由で建設的に活性化している学級集団が求められます。つまり，教員には，後者の状態をめざした学級集団づくりが求められるのです。

　さらに，学級集団が「多様な人々との人間関係形成の場」となることをめざした学級集団づくりが，より強く求められます。それは，「子ども個々がお互いの特性を受容し，その受容された特性を個々が積極的に生かし，多様な個を含む集団として成熟していく」というプロセスを内包している学級集団づくりであり，かつ「多様性を包含し，それを能動的に活かしていけるような学級集団」をめざす学級集団づくりです。

　資質・能力の育成を重視する場合，子ども個々が，様々な他者と積極的にかかわりながら協働するような体験学習を建設的に行うことができるための環境として，このような学級集団が必要になります。そのような体験学習を繰り返させながら，その子が成長したときにも，異質な人や考えの違う人ともうまくコラボレーションして，新たな発想や考えを形成できる能力などを育てていくのです。そして，この発想は，インクルーシブ教育の理念とも通じ合うものです。

　つまり，これから求められる「授業づくり」と「特別支援教育」を推進する学級集団づくりは表裏一体であり，真の成果をあげるための基盤には，「多様性を包含する学級集団」が求められるのです。

17

column
社会的障壁の少ない学級集団とは

　障害者にとって日常生活または社会生活を営むうえで障壁となるような社会における事物，制度，慣行，観念その他一切のものを，「社会的障壁」と言います。障害者がぶつかる社会的障壁は，障害のみに起因するものではなく社会における様々な障壁と相対することによって生じます。

　障害者の存在を意識していない慣習や文化などの「慣行」や，障害者への偏見などの「観念」は，発達障害のある子どもにとって，社会的障壁となる場合が多くあります。例えば，脳の機能に因る障害特性をもつ子どもの場合，状態像として「やる気がない」「わがまま」「取り組み方が雑」「人の話を聞かない」のように見える場合もありますが，このような状態像をもってその子を否定的に評価することは，観念の社会的障壁（偏見）に当たります。

　障害者の社会的障壁を除去するために行う環境整備のことを，「合理的配慮」（教育上必要な支援）と言います。合理的配慮を行う際には，物理的な環境の整備ばかりではなく，障害者を取り巻く人的な環境を整備することも大事です。

　そして，障害のある子どもにとって，物理的な環境以上に親和的で建設的な人間関係が，学級集団ではより重要です。子どもたちの規範意識が高く，お互いの個性を認め合う友達が多数いる親和的学級集団は，障害がある子どもの社会的障壁をなくすための人的環境が整備された状態なのです。

　このような社会的障壁が少ない状態をめざして行う学級集団づくりとは，発達障害のある子どもの存在も意識した，多様性を包含する学級集団づくりなのです。

新しい集団タイプ

　知識基盤社会で生きていくための資質・能力を育てることの必要性が強調されてきた中で，学習指導要領に「主体的・対話的で深い学びの実現に向けた授業改善」という方針が打ち出されたことで，これからの授業は，「教員が一方向的に説明した知識を，学習者が理解し記憶する場」から，「学習者が解決すべき課題に向かって自由度の高い思考にもとづく試行錯誤を，他者との協同（協働）活動をしながら実施して，自ら資質・能力を獲得することを，教員が支援する場」へと，大きく移っていくことが期待されています。

　では，これからの授業にフィットする学級集団とは，どのようなものでしょうか。河村（1998）は，学級集団の状態をルールとリレーションの確立度で捉える学級集団分析尺度Q-Uを開発し，その分析結果をもとに，学級集団の代表的な状態像（タイプ）を提唱しました（図1）。

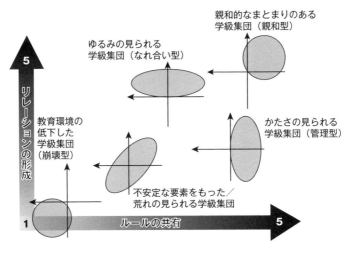

図1　学級集団の代表的な状態像（タイプ）

第1部　学級経営の新しいパラダイム

　その中で，ルールとリレーションの両方を確立している理想の状態の学級集団を「親和型」学級集団と分類し，ほかのタイプの学級集団と比較して，不登校やいじめ問題の発生が少なく，子ども個々の学級生活の満足感，学習意欲，友達関係を形成する意欲，学級活動に参加しようとする意欲，学力の定着度も有意に高いことを指摘しました。

　そして，河村（2017A）は，Q-Uの再標準化を行い，親和型学級集団にも「強い安定性をもつ学級集団」と「安定と柔軟性がある学級集団」という二つのタイプがあること，さらに，「安定と柔軟性がある学級集団」が「主体的・対話的で深い学びの実現に向けた授業改善」によりマッチするタイプの学級集団であることを指摘しました。

強い安定性をもつ学級集団

　親和型学級集団の中で，「強い安定性をもつ学級集団」に分類される学級集団には，次のような特徴があります。

　このタイプの学級集団は，教員からやらされているという雰囲気が少なく，規律があり安定し，学級集団の子ども個々は支え合って仲が良く，全体として活発に活動できているのですが，「学級集団のみんなから信望の厚い子どもだけが，常にリーダーの役割を務める」という固定的な様相も見られます。ほかの子どもはいつもそのリーダーを頼り，そのリーダーが学級集団のみんなから受け入れられているという，子ども同士の関係性に序列のようなものがある，いわば「ピラミッド型組織」のような状態です。

　それゆえ，子ども同士の関係には，人間関係の不確実性が少なく，安心感に基づいた安定性があるのですが，いつもリーダーを務める子ども以外の子どもには，従来にない新たな発想や行動，役割をとることが抑制されているような雰囲気があります。

20

第2章　これからの学級集団づくり

　このような状態の学級集団では，子ども一人一人の内発的な動機や新たな発想を創出する意欲が高まらず，それらの発揮につながる行動などが不活発になっていくことが考えられます。

安定と柔軟性がある学級集団

　親和型学級集団の中で，「安定と柔軟性がある学級集団」に分類される学級集団には，次のような特徴があります。

　このタイプの学級集団は，特定の子どもに学級集団のリーダーの役割が固定されず，「強い安定性をもつ学級集団」よりもまとまりが弱いように見えますが，必要な場合は誰とでも自由に活発な話し合いが展開される学級集団です。

　このような状態の学級集団では，授業をはじめ諸活動の中で，子ども個々がディスカッションや資料の検討会に活発に取り組んでいます。そのほか日常的にもそのような場面が頻繁に見られます。

　従来，授業の足場づくりとして考えられてきたのは，子ども個々が知識や技術を効率よく得るための環境を確保することでしたが，これからは子ども個々が教育目標となる資質・能力を自ら獲得するための環境を確保することです。

　そこで，これからの学級集団には，教員から一方向的に説明される知識を子ども個々が理解し記憶することができやすいという「整然とした規律」があるだけでは不十分であり，子ども同士の自由で建設的な相互作用が活性化されるような状態が求められてくるのです。

　つまり，教員が，子どもたちの資質・能力の育成をこれまでよりも重視するということは，集団の内部の同質的な結び付きで，内部での信頼や協力，結束力を生み，共同体の構成員に協調行動をとらせる社会関係

21

第1部　学級経営の新しいパラダイム

や規範の形成を促すような，「強い安定性をもつ学級集団」づくりに留まるのではなく，子ども同士がフラットにフランクに交流できるような，「安定と柔軟性がある学級集団」づくりをしていくことが，第一歩になるのです。

子どもたちに育みたい資質・能力

　子どもたちに育みたい資質・能力についてよく参考にされるのが，国際機関OECD（経済協力開発機構）のDeSeCoプロジェクトが定義した能力観です。それは，これからの社会における主要能力（キー・コンピテンシー）を，「相互作用的に道具を用いる」「異質な集団で交流する」「自律的に活動する」という三つの領域から説明しています。

　いっぽう，わが国の学習指導要領（2017）は，子どもたちに生きる力を育むために，「主体的・対話的で深い学びの実現に向けた授業改善」が必要であると説明しています。

　そして，主体的・対話的で深い学びの実現とは，しばしば，次のように説明されます。

主体的な学びの実現

　子どもたちが見通しをもって粘り強く取り組み，自らの学習活動を振り返って次につなげる，主体的な学びの過程が実現できているかどうか。

対話的な学びの実現

　他者との協働や外界との相互作用を通じて，自らの考えを広げ深める，対話的な学びの過程が実現できているかどうか。

深い学びの実現

　習得・活用・探究という学習プロセスの中で，問題発見・解決を念頭に置いた深い学びの過程が実現できているかどうか。

第2章　これからの学級集団づくり

　このプロセスを通じて子どもたちに育みたい資質・能力とは，問題解決につながる様々な資質・能力を指します。おもに問題場面で活用される思考力・判断力・表現力などの「認知的スキル」から，いわゆる「非認知的スキル」，例えば，取り組む際の意欲を喚起・維持する能力や，対人関係を調整して協働する能力などの「社会的スキル」までを含む，包括的なものです。

学級集団でどう育てていくか

　子どもは，「安定と柔軟性がある学級集団」に所属すれば，それだけで特定の力が自然と身につくものではありません。

　子どもは，教育力の高い学級集団に所属し，さらに，教員の適切な対応によって「主体的・対話的で深い学び」に導かれることで，教育目標である資質・能力を，自ら獲得していくのです。

　以上，これからの教育の基礎的環境整備として，学級集団づくりの新しいパラダイムについて説明しました。

　第3章（p.26～）では，子ども同士に建設的な相互作用を生起させ，教室にいるすべての子どもに主体的・対話的で深い学びを実現させるための，教員の指導行動の新しいパラダイムについて説明します。

23

column
「開かれた個」をめざして

子どもたちの人間関係の現状と課題

　21世紀は，知識基盤社会の時代であるとともに，グローバル化がいっそう進む時代であり，それは，自分とは異なる文化や歴史に立脚する人々と共に生きていく，多文化共生の時代です。多文化共生とは，「国籍や民族などの異なる人々が，互いの文化的ちがいを認め合い，対等な関係を築こうとしながら，地域社会の構成員として共に生きていくこと」と説明されています（総務省，2006）。

　このような時代性を踏まえて，文部科学省「コミュニケーション教育推進会議」（2011）は，「21世紀を生きる子どもたちは，積極的な『開かれた個』（自己を確立しつつ，他者を受容し，多様な価値観を持つ人々と共に思考し，協力・協働しながら課題を解決し，新たな価値を生み出しながら社会に貢献することができる個人）であることが求められる」と指摘しています。

　しかし，同会議は一方で，現代の子どもたちの人間関係に関する現状や課題として，「子どもたちは気の合う限られた集団の中でのみコミュニケーションをとる傾向が見られる」「相互に理解する能力が低下している」「自分の思いを一方的に伝えているにすぎない」「同意や反対の意思を伝えるだけで対話になっていない」などを挙げています。

　加えて，「子どもたちが自ら仲間やコミュニティを形成する機会が不足しており，等質的なグループや人間関係の中でしか行動できず，異質な人々によるグループ等で課題を解決することが苦手であったり，回避する傾向にあったりする」といった問題も説明しています。

column 「開かれた個」をめざして

開かれた個をめざして

つまり，現状の子どもたちの傾向としては「閉じた個」の様相が考えられており，「開かれた個」に向けた子どもの育成が，いまの教育の大きな目標になっているのです。

そのための手段として，学校教育を通じて，子どもたちの主体的・対話的で深い学び（アクティブ・ラーニング）を実現させることが，強調されているのです。

この目標と現実との大きなギャップを埋める第一歩が，主体的・対話的で深い学びの実現に向けた授業改善であり，かつ，インクルーシブ教育システムの実現に向けた特別支援教育の推進です。

そして，両者を展開するための基底となるものは，多様性を包含する学級集団づくりなのです。

<参考文献>

総務省（2006）．多文化共生の推進に関する研究会報告書　―地域における多文化共生の推進に向けて―．

文部科学省コミュニケーション教育推進会議（2011）．子どもたちのコミュニケーション能力を育むために―「話し合う・創る・表現する」ワークショップへの取組―．

25

第1部　学級経営の新しいパラダイム

第3章
これからの指導行動の
あり方

新しい育成目標への対応

　かつての近代工業化社会に生きる人間には，上位者に権限が集まる固定的なピラミッド型組織で，序列に従い与えられた役割を確実に遂行する力が必要でしたが，現代の知識基盤社会を生きる人間には，大きな変化に対して柔軟に革新的に対応する力，自律的に協働的に行動する力が必要であり，そのような社会情勢の変化に伴い，子どもに対する育成目標の重心も変わってきたのです。

　極端に言えば，子どもの育成方針を，「教員の指導に従順であることを守らせながら，与えた課題を確実に達成させる」というものから，「教員の指導も数あるアドバイスの一つしてと扱わせ，むしろ外部の情報や学習仲間と積極的に交流させて，自律的に問題解決に取り組ませる」というものへと転換する必要があります。

　したがって，教員に求められる指導行動のあり方も，大きな変革が求められるのです。知識や技能を効率よく子どもに注入するという従来の指導行動（統制型）から，変化する状況に対して自律的に協働的に問題解決できるような資質・能力を，子ども一人一人が自分に合った方法で獲得できるように子ども個々を促すという指導行動（自律性支援型）への転換です。以下にそれぞれを解説します。

26

第3章　これからの指導行動のあり方

統制型の指導行動

　統制型の指導行動とは，「叱られたくなかったらやりなさい」「悪い評価にされたくなかったらやりなさい」等，子どもにプレッシャーを与えることで，特定の行動をとるように方向づける指導行動です。そして，かつての時代性を捉えた教育に従事してきた教員は，統制型の指導行動をとりがちと言えます。

　統制型の指導行動として，次のような例があります。

> ○教員が主導して設定した活動のルールに沿って，子どもの行動を統制する（例えば，「～しなさい」という指示や命令をすることが多い）
> ○教員が指導したい内容や伝達したい知識を，効率よく子どもに定着させるために，子どもに思考させるよりも，教員からの一方的な説明を多くする（例えば，子どもに考える時間を十分に与えず，子どもが自分で考える前に決まったやり方を示したり，教員があらかじめ準備していた「正しいやり方」を教えたりする）
> ○教員の指導したい内容や伝達したい知識を効率よく子どもに定着させるために，グループ活動を利用する（例えば，子どもたちを小分けのグループにした後，グループ内でできる子どもをリーダーにして，ほかの子どもに教えさせる）

　以上のような統制型の指導行動は，子ども個々の思考活動や子どもの間の思考の相互作用などが，十分に達成されにくいことが指摘されています（瀬尾，2008）。

　そして，統制型の指導行動をする教員の学級集団では，障害がある子どもの不適応感が高くなる可能性が高まります。学校生活の各場面が，社会的障壁となる場合が多くなるからです。

27

第1部　学級経営の新しいパラダイム

　教員の「こうあらねばならない」という枠組みから始まる子ども理解
と対応は，統制型の指導行動につながり，子どもにワンパターンの行動
をすることを強いることになり，結果として，「みんな同じをよし」と
する同調圧力の強い学級集団を形成します。

　そういう学級集団の中で，発想や方法が一風変わっている子どもや，
みんなと違う行動をとる子どもは，同調的に行動する子どもたちからマ
イナスに評価され，学級集団から排除される可能性も高まるのです。

自律性支援型の指導行動

　これからの教育に必要な「自律性支援」型の指導行動とは，子どもの
視点に立ち，子ども自身の選択や自発性を促す指導行動です。ざっくり
と言えば，「子ども自身が行動を決定する自由」を担保するために，望
ましい結果を効果的に達成する見通しと方法について，子どもに明確な
情報を多く与え，さらに，子どもの意思に基づく取組みを継続的に支え
ていくというイメージです。

　自律性支援型の指導行動として，次のような例があります。

○子ども個々の特性を尊重し，個人に合った学習方法の選択肢を豊富に用
　意する（例えば，子どもがしたいと思っていることは何かをしっかりと
　尋ねる，子どもに自分のやり方で取り組む時間を十分設ける）

○子ども個々の思考プロセスに寄り添いながら支援する

○子どもの協同に関する意識と行動を高め，相互作用を活性化させ，モデ
　リングが促進されるように支援する

　教員のもつ信念は，具体的な教育場面で指導行動として発現します。
したがって，統制型の教員が自律性支援型の指導行動をとっていくため
には，信念レベルでのパラダイムの転換が求められるのです。

28

第**4**章

これまでのやり方では
失敗する

「従来の学級集団づくり＋子どもへの個別対応」では失敗する

特別支援教育の制度が本格実施されて10年経った現在も，通常学級での特別支援教育を推進する学級集団づくりのあり方については，まだ混沌とした状況です。

大量のQ-Uデータの分析等から見えてきたのは，「学級集団づくり」と「個別援助ニーズが高い子どもへの個別支援」について，従来の強い安定型やり方をとっている教員に共通して，学級経営がうまくいっていない傾向が見られるという実態です。

つまり，学級集団の中に何らかの問題状況が発生して，子ども個々の援助ニーズに応えようとしても，全体への一律的なルールの確立の対応とのバランスを取ることは難しいのです。さらに，個別援助ニーズが高い子どもへの個別対応に想定外の比重がかかったり，あるいは，そういう子どもへの個別対応にまで手が回らなくなってしまったりして，それまで行ってきたような学級経営ができなくなってしまう，というわけです。

学級集団が崩れていくプロセス

教員が行う学級集団づくりの一般的な流れは，次のような展開です。

29

第1部　学級経営の新しいパラダイム

> ①学級集団に所属するすべての子どもに，一定の学級集団のルールを共有
> 　させる
> ②子ども相互に親和的な人間関係（リレーション）を形成して，その関係
> 　性を段階的に全体に広げていく

　教員が，①と②を関連させながら両者の統合した達成をめざして，全体対応や個別対応を駆使していくことで，学級集団は親和的で建設的な状態に至ります。

　①と②は相補関係にあり，片方が不十分になると他方も次第に不十分になり，結果的に両方とも不十分な状態に至るのです。学級集団が荒れてしまったケースには，このパターンがとても多いのです。

　いっぽうで，崩れてしまった学級集団は，いったいどのようなプロセスを辿っていったのでしょうか。

　筆者の研究室では，特別支援を必要とする子どもが在籍している学級集団も含む大量のQ-Uデータの分析を行い，特別支援を必要とする子どもが在籍している学級集団が不安定な状態に至っていく代表的なプロセスと，その中途に見られる代表的なシグナルについて，次のようにまとめました。

> ①全体的に見て子ども個々の承認得点が低く，かつ，特別支援を必要とする子どもの承認得点と被侵害得点は悪い結果で，不満足群（およびその周辺）にプロットされている
> 　・当初から発達障害のある子どもの個別対応は重視され，相応の支援が
> 　　なされているが，それでも子どもの不適応状態が見られる
> 　・グレーゾーンのほかの要因で個別援助ニーズが高い子どもへの支援が
> 　　十分行き届かなくなっており，かれらの学級生活の満足感は低い

・学級集団のルールの確立が十分にできておらず，個別援助ニーズが高
　　くなかった子どもも含め，子どもたちは主体的に活動することができ
　　ず，学級生活の満足感は高まらない

②特別支援を必要とする子ども以外で，ほかの要因で個別援助ニーズが高
　い子どもの承認得点が低下していく

　・①の状態の中で時間の経過とともに，ほかの要因で個別援助ニーズが
　　高い子どもは欲求不満から攻撃性が高まり，イライラしてくる

③ほかの要因で個別援助ニーズが高い子どもは，承認得点は低下したまま
　で，さらに被侵害得点が上がっていく（悪い状態になっていく）。かつ，
　それまで個別援助ニーズが高くなかった子どもについても，承認得点が
　低下していく（対応が不十分な状態になっていく）

　・発達障害のある子どもや個別援助ニーズが高くなかった子どもと，ほ
　　かの要因で個別援助ニーズが高い子どもとの間に，人間関係の軋轢が
　　表出している

④すべての子どもの承認得点は低いままで，被侵害得点が上がっていく
　（悪い状態になっていく）。学級集団は不安定な段階である

　・すべての子どもの欲求不満が高く，学級集団の中にトラブルが噴出し
　　ている

⑤学級集団が崩壊していく

これからの学級集団づくりのスタンダードは，特別支援の必要な子どもの在籍を前提とした計画的な個別対応を内包した学級集団づくりである

　つまり，通常学級での特別支援教育を推進する学級集団づくりとは，
「特別支援を必要とする子どもの在籍を前提とした，計画的な個別対応

第1部　学級経営の新しいパラダイム

を内包した学級集団づくり」です。これが，これからの学級集団づくりのスタンダードです。「いままでと同じやり方の学級集団づくり」を行い，そこに「特別支援を必要とする子どもへの個別対応」を付け加えるというだけではダメなのです。

　このような学級集団づくりを実現するために，教員個々が押さえるべきポイントは，次の点です。

○すべての子どもを対象に個別支援を行う

○学級開きから2か月目までに「学級集団づくりのゼロ段階」（p.71参照）
　の状態まで学級集団を育成する

○ユニバーサルデザインの学級経営を行う

○対応が難しい子どもは必要ならば専門機関につなげる

第2部

指導を変える15のコツ

第2部　指導を変える15のコツ

No. **0**

多様性を包含する
学級集団をめざす

多様性を包含する学級集団とは

　これからの教育に最もフィットする学級集団とは，いわば「多様性を
包含する学級集団」です。

　多様性を包含する学級集団とは，「様々な背景をもつ子ども個々の特
性を受容し，その特性を積極的に生かし，多様な個を含む集団として成
熟していくことをめざす」というイメージの学級集団です。

　このような学級集団を形成することがこれからは必要になっていくと
いう説明をするとき，次のような質問を受けることがあります。

○多様性を包含する学級集団は理想的ですが，実際にそのような学級集団
　を教員がつくるためには，「学級集団のルールを守ることが強調されな
　い方法」をとることになるので，それだと結果的にまとまりのない学級
　集団になってしまうのではないでしょうか？

○多様性を包含する学級集団を形成しようとして，「子ども個々の特性が
　尊重されて行動の自由度が高くなるような方法」をとってしまうと，人
　間関係が希薄でかかわりの少ない，斉一性が低くて拡散した学級集団に
　なってしまうのではないでしょうか？

　このような印象は，多くの教員にとって，直感的に導かれやすいもの

34

だと思います。

そして，これまでの学校教育のフレームワークに従事してきた，現代の教員の多くは，統制型の指導行動を選択しがちです。

統制型の指導行動をする教員には，次のような誤解があることが少なくありません。

○子ども個々の特性を尊重するためには，規律もルールも緩めて子ども個々の自由を尊重しなければならない
○集団指導ではなく個別支援をしなければならない（実は，物理的に無理であると思っているが……）

つまり，「学級集団が集団としてまとまらない・学級集団に不適切な行動が増える」と危惧し，統制型の指導行動をもとにした管理型の学級集団づくりをしてしまうのですが，このような発想では，これからは教育の質が担保できにくくなるのです。

繰り返しますが，子どもへの教育目標が知識の獲得から資質・能力の獲得に比重が移ってきた中で，教員には「学級集団づくり」と「指導行動のあり方」に意識改革が求められるのです。

安定と柔軟性がある学級集団とは

筆者の有する，多くの学級集団に関するデータの中で，子ども個々の学級生活の満足度や学習活動が高いレベルで良好な学級集団，すなわち，安定と柔軟性がある学級集団を見ると，一つの共通した特徴があります。

それは，子ども個々のかかわり合いが，穏やかに日常生活に溶け込んでいることです。そのため，特別支援の必要な子どもも周囲から浮くことはなく，ことさら特別支援を受けているという状況も目立つことはありません。教室でのすべてのかかわり合いが，とても自然に見えるので

第2部　指導を変える15のコツ

す。その結果として，大きな問題行動も発生していないのです。

　ただしそれは，トラブルの起きようもないほど子どもたちの人間関係が希薄というわけではありません。問題が発生しないように多くの制限・ルールが設定され，教員から管理されきっているからでもありません。特定の子どもがリーダーとして君臨し，みんなをきっちり仕切っているというわけでもないのです。

　もし問題があってもやっていけるように，子ども個々が自分たちで協力して何とか解決できるように，学級集団の人間関係が方向づけられているのです。

　そして，そのような学級集団の学級担任の指導は，学級集団に，問題のない状態をめざすというよりも，問題があっても子ども同士でカバーしながらやっていける状態がめざされているのです。

　つまり，安定と柔軟性がある学級集団は，これからの授業づくりのベースとしてだけでなく，インクルーシブ教育の実現に向けた特別支援教育の推進にとっても理想的な状態なのです。

　それでは，このような，多様性を包含する学級集団の具体的モデルとも言うべき，安定と柔軟性がある学級集団は，どのような構造になっているのでしょうか，以下に解説したいと思います。

学級集団づくりの必要条件—ルールとリレーション—

　昔からの読者にはおさらいになりますが，学級集団づくりの必要条件は，以下の2点の統合的な確立です。

①学級集団のすべての子どもに一定のルールを共有させていく
②親和的な人間関係（リレーション）を形成して，その関係性を全体に広げていく

この２点を統合して確立していくことで，学級集団は親和的で建設的な状態になっていくのです。

これは，安定と柔軟性がある学級集団（多様性を包含する学級集団）をめざす学級集団づくりでも例外ではありません。安定と柔軟性がある学級集団には，しっかりとルールとリレーションが統合されて確立されているのです。

柔軟性があると言っても，ルールを緩めて，集団活動を控えて，子どもの多様性を尊重したことにするわけではないのです。それでは学級集団は親和的で建設的な状態にはなりません。

ただし，安定と柔軟性がある学級集団に確立しているルールとリレーションは，ほかの状態の学級集団のものと比べて，質的にハイレベルです。よって，安定と柔軟性がある学級集団を形成していくためには，①と②の対応それぞれに，ワンランク上の対応が求められるのです。

ワンランク上のルール共有とリレーション形成

つまり，教員には，「ルールの共有」では子どもの表面に現れた行動だけではなく価値観を伴う共有となるための対応が，「リレーションの形成」では同質的な結び付きだけではなく多様な他者と信頼感で結び付くための対応が，求められるのです。「みんな同じをよし」として表面的にまとまって見える学級集団は，言わば同調圧力の強い学級集団とでも言うべき，子ども個々の特性が埋没しがちな状態であり，これからの教育内容を推進する学級集団とは，真逆の状態です。

安定と柔軟性がある学級集団では，ワンランク上の対応のルールとリレーションが統合されて確立されているので，子ども一人一人が主体的にルールを守って行動していけるし，自分にとって身近な他者はもちろん，そうでない他者にも同じように，先入観をもたずに，率直にかかわ

第2部　指導を変える15のコツ

っていけるのです。

　では，安定と柔軟性がある状態をめざして学級集団を形成していくための「ルールの共有」と「リレーションの形成」の，ワンランク上の対応とはどのようなものでしょうか。それは一言で言えば，「自律性支援」型の指導行動をとる教員の対応です。以下に「統制」型の指導行動をとる教員の対応と比較しながら解説します。

ルール学習につながるルールの共有化

　統制型の指導行動をする教員の学級集団では，教員の主導の下にルールが設定され，そのルールの下で子ども個々の行動は統制されるかたちになりがちです。そこでは，子どもは，ルールによって自分の行動の仕方を教員から管理されているように感じます。つまり，子どもは，ルールを守って行動することにやらされ感をもってしまうのです。

　その結果，子どもは教員が見ている場合はルールに沿って行動できていたとしても，教員が見ていない場合ではルールを遵守する意識レベルが低下して，ルールが守れない可能性があります。

　それに対して，自律性支援型の指導行動をする教員の学級集団では，ルールとは「みんなの学級生活がより良くなるための行動をみんなでとる」という合意を含んだルールであり，子どもが自ら定めた行動規範として共有されています。したがって，子どもはルールに沿って自発的に行動しているわけですから，子どもの判断基準は教員の存在による影響は受けないのです。

　この現象を理論的に解説すると，表面に現れた行動でなく，その背景・基盤にある見えない原理・原則や価値観を学んでいるとき，その集団のメンバーはその原理・原則や価値観に従って自発的にルールを守って行動するという仕組みです。このようにメンバー個々のルール学習が進ん

だ状態を「ルールが内在化された状態」と言います。このようなルール学習のメカニズムを，カナダの心理学者バンデューラは指摘しました。

　つまり，ルールの共有化におけるワンランク上の対応とは，学級集団の子ども一人一人に，バンデューラが指摘したようなルール学習の原理によってルールを共有させ，ルールに沿って自発的に行動できるようにすることです。

　そして，このように「ルールが内在化された状態」になっているということは，そこに所属する子ども個々の行動の背景にある価値観が相互理解され，子ども個々の行動の目的についても，学級集団として合意形成されているため，結果として，子ども個々の行動の結果は一定の方向に収斂されていくのです。

　かつ，この状態は，子ども個々がお互いの特性を受け入れ認めるという方向性にもつながっていくのです。

　なぜなら，集団の目的や求める方向がメンバー一人一人にしっかり共有されている状態では，その目的を達成するための方法は，子ども個々の特性に応じて多くの選択肢が用意されるからです。そしてそれは，そこに子ども同士の間に，お互いの個性を受容し合う風土が成立しているからこそ実現するのです。

　だから，子ども個々がいろいろな方法で行動していき，それらがぶつかったとしても，その時にどう行動すればよいのか，その行動規範としてのルールを，子ども一人一人が自然と遵守できるのです。

普遍化信頼につながるリレーションの形成

　21世紀を生きる子どもたちは，積極的な「開かれた個」であることが求められていますが，現状の子どもたちは「閉じた個」の様相を呈し

第2部　指導を変える15のコツ

ていることが考えられるのです。

　この閉じた個から生起する人間関係は、「不安のグルーピング」になりがちです。つまり、現代の子どもたちの人間関係の大きな傾向としては、外部から自分を守るために外に閉じた内向きのグループを形成し、その中で得られる安心感のようなものを「信頼感」と誤解し、それ以上の強い関係性を求めないというレベルになってしまっていると考えられるのです。

　このような、「日常的に交流し、安定した関係性を保てる存在への特定化した相手」との「こういう存在はこうしてくれるはず」との義務的な期待がベースになった安心感（のようなもの）を、「特定化信頼」といいます（河村，2017A）。

　特定化信頼ベースの人間関係は、言わば「同質的な結び付き」であり、そのグループ内部での信頼や協力、結束力を生むものですが、同時に、内部志向（内輪的）です。よって、グループ内のメンバー個々に特定化信頼ベースの人間関係が強すぎる様相になってくると、グループの閉鎖性やグループ外の他者への排他性につながります。

　いっぽうで、開かれた個は、「普遍化信頼（一般的信頼）」に基づくリレーションの形成から生まれます。それは、同質性の低い他者とも、しっかりとかかわりがある人間関係であり、これからの子どもたちに味わわせたい体験です。

　そして、学びの本質につながる対話とは、価値観や考え方の異なる他者との交流から生まれるものです。

　つまり、リレーションの形成におけるワンランク上の対応とは、学級集団の子どもが特定化信頼ベースの人間関係だけに固着するのを打破して、普遍化信頼をもとに誰とでも建設的にかかわれるようにすることなのです。

40

普遍化信頼をどう育てるか

　文部科学省（2011）が，現代の子どもたちの課題として，「気の合う限られた集団の中でのみコミュニケーションをとる傾向が見られる」「等質的なグループや人間関係の中でしか行動できず，異質な人々によるグループ等で課題を解決することが苦手であったり，回避する傾向にあったりする」と指摘したのは，現代の子どもたちの人間関係が特定化信頼ベースに偏っているという指摘であり，まさに人間関係の中身についての問題なのです。

　このような問題意識に対して，現代のような高度な知識社会が進み，人的・物的交流や情報の移動が大量にしかも高速でなされるグローバル化社会で生きる力を育てるために，子どもたちに，多くの人々を信用しようとする「普遍化信頼」をもとにした人間関係を育て，そのような人間関係での体験学習を繰り返させていくことが，現代の学校教育には求められています。

　人間の心理社会的な発達のセオリーから考えると，「普遍化信頼」は「特定化信頼」の延長線上にある概念なのです。ですから，子どもに「普遍化信頼」ベースの人間関係をもたせていくためには，まず，子どもに「特定化信頼」ベースの人間関係を体験させながら，徐々に，子どもが自ら「普遍化信頼」ベースの人間関係を構築できることをめざすのです。

　現代の子どもが，「特定化信頼」ベースの人間関係に終始してしまうのは，そこに子どもの対人関係の不安と自己肯定感の低さ，ソーシャルスキルの未熟さがあります。

　したがって，子どもが普遍化信頼ベースの人間関係を構築できることを大きな目標として，様々な教育活動を進めていくとよいでしょう。日々の指導としては，まずは子どもたちに「特定化信頼」ベースの人間

第2部　指導を変える15のコツ

関係を体験させ，それから子どもたちの様子を見つつ徐々に「普遍化信頼」ベースの人間関係も体験させていくという流れで，取り組んでいくことが求められるのです。

　そして，新学習指導要領の理念を実現するためには，子ども一人一人に育成すべき資質・能力を獲得させることをめざすという点において，この点への支援が不可欠なのです。これらのことは，これまでも学校教育に期待されてきましたが，特にこれから強く期待されることになる，教育現場における不動のテーマであると思います。

学級集団づくりの
チェックポイント

No.1　ルール共有でワンランク上の対応をする〔ルール学習〕

No.2　リレーション形成でワンランク上の対応をする〔普遍化信頼〕

No.3　すべての子どもの支援レベルに対応する

No.4　すべての子どもの承認欲求に対応する

No.5　子どもの支援レベルに応じて学級集団の育成方針を決める

第2部　指導を変える15のコツ

No.1
ルール共有で ワンランク上の対応をする 〔ルール学習〕

インクルーシブな学級集団づくりのポイント

　特別支援を必要とする子どもは，学級担任からの支援のみならず，共に学ぶ子どもからの受容的，支援的なかかわりも必要とします。

　そして，そもそも，特別支援を必要とする子どもも，必要としない子どもも，共に育っていくために必要な学級集団とは，建設的な相互作用のある学級集団です。それは，子どもみんなの情緒が安定し，相互に受容性・愛他性（他者の利益のために，外的報酬を期待することなく，自発的かつ意図的に行動をすること）が高く，子どもたちの「学級生活を意欲的に送ろう」という意識が高い学級集団，です。

　したがって，インクルーシブ教育を推進する学級集団づくりのポイントは，次の3点を確実に行うことです。

---

①他者に対して受容的で愛他性の高い行動やかかわり方の具体的な方法を，子ども個々に教え定着させる

②①の行動やかかわり方をとることの意味や価値を，子ども一人一人にその子なりの実感を伴って理解させる

③①の行動やかかわり方が，学級集団の子ども個々の自発的かつ主体的な行動となるようにする

---

③までが必要なのです。

自発的かつ主体的な行動は，教員に教え込まれてできるようになるものではありません。厳しく指導すれば教員の前でかたちだけはやるかもしれませんが，それでは不十分です。ここで期待される行動とは，子どもが自らその価値や意味に気づき，自ら行動につなげる，というものだからです。

先人の失敗に学ぶ

第4章（p.29～）で示した学級集団づくりの失敗例のように，特別支援を必要とする子どもが周りの子どもから疎外され不適応状態になったり，学級集団全体の人間関係が不安定になったりする要因として，教員の取組みが従来のスタイルであること，例えば，管理型の学級集団づくりを行い，かつ，特別支援の必要な子どもの個別対応は問題状況の発生時に対症療法的に行う，というものであることが挙げられます。

このような学級集団では，子どもたちは，特別支援を必要としている子どもへの配慮の仕方やかかわり方を「教員から教わり身に付けさせられた」という感覚に留まり，それが子ども個々の自発性かつ主体性を伴う行動にはなっていないのです。そのため，子どもたちは，教員の目の届かないところではあえてポジティブな対応を実行しようとしない，さらには，かえって，ネガティブな対応をしてしまう可能性もあるのです。

つまり，失敗してしまった学級集団づくりでは，子ども個々に他者に対して受容的で愛他性の高い行動やかかわり方をとることの意味や価値を十分に理解させることができておらず，子どもたちの行動レベルが，教員に言われなくても自ら行動するという，自発的かつ主体的な行動レベルになっていなかったのです。

第2部　指導を変える15のコツ

インクルーシブな学級集団づくりの難しさ

　他者に対する受容的，支援的なかかわりを自発的に為すという行動には，必ず，その相手に対する受容性や愛他性が伴います。

　逆に言えば，かかわりの行動に自発性が伴わない場合は，しっかり為されたとしても，「そうすれば教員や友達からプラスの評価を受けるはずだ」という損得勘定，「そうすべきだ」という義務感，「自分はやってあげている」という優越感などの側面が，その子どもの中では優位になっています。

　しかし，そういう行動は，子ども同士の真のリレーション形成にはつながらないものです。すなわち子ども個々は普遍化信頼がもてておらず，特定化信頼に基づいた行為に留まっているのです。ここに，インクルーシブ教育を推進する学級集団づくりの，真の難しさがあります。

　では，この難しさを乗り越える取組みとはどのようなものなのでしょうか。

最初からできる子どもは少ない

　まず，前提として，最初から自発的な行動やかかわり方ができる子どもは，とても少ないのです。

　ですから教員は，

　最初は教員や周りから言われたからかたちだけ行動している
　　　　　　　　　　　　　　↓
　徐々に自発的なかかわりとして行動できるようになっていく

という流れで，子どもが自ら行動できることをめざして取り組んでいくとよいでしょう。これは外発的な行動から内発的な行動へという取組み

No.1　ルール共有でワンランク上の対応をする〔ルール学習〕

であり，長いプロセスの支援が必要である，とても難しい取組みです。

　このような支援を，特別支援を必要とする子どもに対してだけ行っていくのではなく，学級集団のすべての子どもを対象に行っていくことが求められます。ここが大事なのです。

ルール学習に取り組ませる際の配慮

　次に，この取り組み方のポイントについて解説します。

①ルールは体験を通して学習させる

　子どもに対して，学級集団のルールを「ルール学習」として獲得させるには，知識的な理解をもたせるだけでは不十分です。楽しさや充実感を伴う友達とのかかわりや協同的に活動する体験の中で，学級集団のルールの必要性（その意義と意味）を実感させることが必要です。だからこそ，学級集団のルールの確立と親和的なリレーションの形成は，統合して展開されていくことが求められるのです。

　次のような展開です。

○学級集団のルールは，子どもの喜びや楽しさにつながる取組みの中で，その取組みが成立するために必要な受容的・支援的なかかわりや行動の仕方を取り上げて，「ソーシャルスキルのかたち」（○○のように話すと，周りの人はわかりやすく，うれしいですよ，等）にして，アドバイスするかたちで教えていく

　なお，このアドバイスは，授業時にも行うことは言うに及ばず，そのほか朝の会・帰りの会，給食や清掃活動など，すべての学校生活場面においても行います。その時その場面で求められるルールを，ソーシャルスキルのかたち（望ましい行動やかかわり方）にして子どもに説明し，

第2部　指導を変える15のコツ

取り組ませていくことが必要です。

　以上を整理すると，次の一連の流れが求められます。

1）その場に相応しい「向社会的な行動」を取り上げて，その行動の意味
　や価値を子どもに説明する

2）1）について，ハードルの低いところから，無理のない範囲で，子ども
　に楽しく取り組ませる

3）2）について，前よりも良くなった点を，子ども同士で認め合う取組み
　を行う

　なお，受容的・支援的なかかわりや行動のことを「向社会的な行動」
と言います。向社会的な行動とは，外的な報酬を期待することなく，ほ
かの人やほかの集団を助け，役立とうとする行動のことです。

　この行動は繰り返すことで自然と行動化されていくもののため，係活
動，清掃活動などの役割交流を，積極的に活用して行うことが大事です。
その際は，役割交流の中に，「子ども同士の感情交流」を伴わせること
ができるかどうかが，普遍化信頼につながる成果を左右します。

　姿勢や行動に対して，教員や友達から受け取る承認，ほめ言葉は，そ
の子にとって大きな喜びとなり，そのような姿勢や行動が強化され，受
容的・支援的かかわりの意味や価値も実感されていくのです。

②ルールの価値を学ばせるには努力目標となるように取り組ませる

　学級集団のルールを子どもに身に付けさせることには，もちろん教育
的な意味があります。それは，子どもが共同体の側面をもつ学級集団に
能動的に参加し，主体的に自発的に向社会的な行動を発揮し，学級集団
での生活や学びを，自らより良くしていくということです。そのために，
ルールの意味と価値を理解したうえでの向社会的な行動を，すべての子

No.1 ルール共有でワンランク上の対応をする〔ルール学習〕

どもに身に付けさせたいのです。

ただし，その取組みによって子どもに学習の成果が表れるまでには，ある程度の時間がかかります。特に，学級集団の状態が不安定な場合は，より時間がかかってしまいます。このようなとき，教員は焦り，向社会的な行動の育成から，対症療法的に逸脱行動や反社会的な行動を減らすことに舵を切ってしまいがちです。反社会的な行動とは，向社会的な行動と真逆の行動です。

このような教員の舵取りは統制型の指導行動につながっていきます。そして，統制型の指導行動は，ルール学習によって子どもが得られる「ルール」の対極にある，教員が学級集団を管理するための手段としての「ルール」を，学級集団の中に確立してしまいます。

学級集団のルールに沿って行動する意味や価値が子どもに実感されていない中で，定められたかたちの行動をとることだけを子どもが強要されている状況，これが，学級集団の中に，「管理の手段としてのルール」が確立しているということです。

管理の手段としてのルールが定着している学級集団では，「定められた行動を取ることができたか否か」という点だけが注目されます。そして，定められた行動を取れなかった子どもは周りの子どもからマイナスの評価を受けて学級集団の人間関係で孤立し，さらに排斥されることになっていきがちです。

まさにこの状況の中に特別支援を必要とする子どもが入り込んで，人知れず苦しんでいることが少なくありません。定められたように行動できないことについて，教員の見ていないところで周りの子どもから批判されているのです。

そして，批判している子どもが，自分たちのそのような行動に正当性を感じているところも，管理の手段としてのルールが定着している学級

49

第2部　指導を変える15のコツ

集団の人間関係の難しい点なのです。

　こう見てきてもわかるように，親和的で建設的な学級集団を形成することは，人間同士の相互作用によって，子ども一人一人がより建設的に学び成長していくために必要なものなのです。ですから，学級集団づくりとは，子ども個々の育成のための手段なのです。管理の手段としてのルールを確立させるという指導では，結果として，良い学級集団を形成することが目的になってしまっています。

　逸脱行動や反社会的な行動を減らすことだけが目標となってはいけません。逸脱行動や反社会的な行動を減らすことがイコール，向社会的な行動の獲得にはならないからです。したがって，学級集団のルールは向社会的な行動の獲得をめざす努力目標となるように，ルールを設定し取り組むことが必要です。

　子ども一人一人が自分なりに目標を設定して達成しようと，日々取り組むことが大事となります。ですから教員は，ルールを達成できたかどうかをチェックする，評価基準としてだけ学級集団のルールを活用してはならないのです。

③ルールの取組みの達成度は個人内評価で行う

　向社会的な行動の獲得をめざす，努力目標となるルールの達成度の評価は，個人内評価でなされなければなりません。

　最初からきちんとできている子どももいるでしょうし，早い段階で達成できる子どももいます。しかし，意味や価値を理解することがなかなかできなかったり，わかってはいるがしばしば感情に流されてしまう子どももいます。発達障害のある子どもは障害特性ゆえに，そのような傾向がある可能性が高いのです。

　子どもの人権はみな等しいですが，能力や個性は異なります。その点

50

No.1　ルール共有でワンランク上の対応をする〔ルール学習〕

をきちんと説明して，学級集団の子ども個々にその意識を定着させてい

くことがポイントです。「自分の目標に向かって取り組む」という姿勢

が周囲から評価される雰囲気を，学級集団に形成していくのです。

　特に，早い段階で達成できている子どもに，その点を理解させ納得さ

せることができるかで，教員の指導の力量が問われます。つまり，早い

段階で達成できる子どもは学級集団でリーダーシップをとることが多い

ですから，その子たちがその点（下線部）を理解し納得できていること

で，個人内評価の意識が自然と学級集団全体に広まり，「自分の目標」

をなかなか達成できていない子どもの取組みを応援する雰囲気が，学級

集団の中に生まれていくことが期待できるのです。

　さらに，それぞれの取組みを応援するような雰囲気が学級集団の中に

有るか無いかは，特別支援を必要とする子どもの学習や適応感に，とて

も大きく影響してきます。

④取組みの達成度は加点評価で，かつ，曖昧にしてはならない

　努力目標，個人内評価，さらにすべての子どもが達成しようとする意

欲を維持していくためには，加点評価がふさわしいのです。子ども個々

が各自の目標に照らして，以前と比べて伸びた点をグループの子ども同

士で相互に認め合うのです。

　その際，達成できていない点を曖昧にすることは，絶対にいけません。

個人的な努力目標を設定するためには，「今回は，当初に設定した自己

目標の観点に照らして，どの程度達成できたのか」「どの部分は達成で

きてどの部分は達成できなかったのか」を，取り組んだ子ども自身が明

確に理解しなければならないからです。

　そして，どのように目標を達成するのかという，具体的な作戦を立て

ることが必要です（例えば，一人でできないので誰かのサポートをもら

51

第2部　指導を変える15のコツ

いながら，という作戦もあります）。

　これらの点が曖昧になってしまうと，目標達成がなし崩し的に困難に
なっていきます。例えば，遅れている子どもがいい加減に取り組んでい
るのを見ると，ほかの子どもたちはその子を応援したくなくなってしま
い，かつ批判的に見るようになってしまいます。

　遅れている子どもへの対応にも，その子の困難さをほかの子どもたち
に理解させるにも，具体的には，ソーシャルスキルの考え方を活用しま
す（p.54のコラム参照）。

　他者とうまくかかわれない子どもは，次の三つのポイントのどこかに
苦戦していることが考えられます（複数にまたがる場合もあります）。

1）適切な社会的行動の知識が欠如している

2）スキルについての知識はあるが，スキルを実行する行動能力に欠ける

3）自分の感情をコントロールする力が欠如している

　以上の三つのポイントのどこに苦戦しているかを，すべての子ども一
人一人に考えさせ，その対策を考えさせていくのです。

　その中でも最も大事な点は，「2）スキルについての知識はあるが，
スキルを実行する行動能力に欠ける」と「3）自分の感情をコントロー
ルする力が欠如している」について，能力に器質的な問題を抱えてうま
く行動できない子どもがいることを，学級集団のすべての子どもに理解
させ，納得させていくことです。

　苦戦している子どもに個別対応するだけでは不十分であり，ほかの子
どもに対して，苦戦している子どもの状況を理解させる対応も必要なの
です。そのうえで，学級集団のみんなで楽しく生活・活動していくため
の，具体的な作戦（感情的になったら，クールダウンする場所に行く，
など）を考えていきます。

52

No.1　ルール共有でワンランク上の対応をする〔ルール学習〕

⑤ルールの提示は，どの子にもわかりやすいかたちにして行う

　ルールの理解と活用の仕方について，特別支援を必要とする子どもにもわかりやすいように配慮する対応を行います。

　例えば，次の点などです。

> #### 1）一度に取り上げる学級集団のルールは，三つくらいにする
>
> 　ルールが多すぎると混乱し，行動化することが難しくなります。暗記できるレベルがいいでしょう。場面ごとに必要なものをその都度提示して，意識して取り組ませていきます。
>
> #### 2）学級集団のルールは，例をあげて具体的に説明する
>
> 　ルールは，学級集団の特定の場面を取り上げて，具体的に説明しイメージをもたせることが必要です。また，特別支援を必要とする子どもは，応用して考えることが苦手な場合がありますから，一つ一つ具体的な場面で，説明してあげることが求められます。その際，ルール違反を起こしそうだと想定される行動については，事前に例を挙げて詳しく説明し，教員から先手で念を押してあげるのです。
>
> #### 3）学級集団のルールは，紙に書いて掲示しておく
>
> 　忘れてもすぐに思い出せるように，紙に書いて教室に貼っておくとよいでしょう。その際，目標ですから，やってみようと意欲を喚起するような，前向きな表現を用います（禁止するような表記にしない）。教員もさりげなくその掲示を指し示すことで，対象の子どもにそのことに意識を向けさせることができます。

　以上の①〜⑤の配慮のもと，ルール学習によって獲得されたルールは，子ども個々が主体的に活動するための指針となっていきます。

column
ソーシャルスキルの考え方

ソーシャルスキルとは，人とかかわるうえでの技術です。

対人関係の形成に苦手さがあるとき，ソーシャルスキルのフレームワークを用いれば，「人とうまくかかわれないのは，自分の性格が悪いからだ」などと変容しにくいものに原因を求めるのではなく，「どの技術がうまくいっていないのか」を見つけ出し，その部分を改善するための取組みに着手することができます。

ソーシャルスキルの考え方では，「他者とうまくかかわれないのは，次の三つのポイントのどこかに苦戦しているからだ」と考えます。もちろん複数にまたがっている場合もあります。

①**適切な社会的行動の知識が欠如している**

社会的行動の知識の中にはさらに三つの領域があります。

1）社会的相互作用するための適切な知識をもっていない（そもそも基本的な知識がないので，どうしていいかわからない状態）

2）社会的相互作用するための知識を活用するやり方がわからない（仲間が遊んでいるとき，自分も加わりたいという意思を伝えられず，おどおどしてしまって仲間に入れない，など）

3）2）のやり方をうまく実行できる社会的な文脈についての知識が乏しい

②**スキルについての知識はあるが，スキルを実行する行動能力に欠ける**

・おどおどしながら言う，タイミングが悪いなど，知識と現実の行動との間のギャップが大きく，対人関係がうまくいかなくなってしまう

③**自分の感情をコントロールする力が欠如している**

・行動に踏み出す自信がない，「やってもどうせうまくいかない」と常にマイ

> ナスの結果に至ると考えやすい，被害者意識が強い，失敗の原因を自分の性
> 格などどうしようもないことに帰属させて考える，完全主義など，行動に移
> る前の気持ちの問題を抱え，適切な行動がとれなくなってしまう。行動練習
> の前に，気持ちを整えることが必要な状態

　対人関係の形成で苦戦している子どもに対しては，抱えている問題点についての
個別対応が必要であり，さらに，ほかの子どもに，困っている子どもの状況を理解
させる支援も必要なのです。

　なお，学級内の子どもたち全体に，ソーシャルスキルの定着度が低かったり，極
端にソーシャルスキルの定着度の低い子どもたちが一定数在籍し，全体としての共
有化が難しい場合には，CSS（学級生活で必要とされるソーシャルスキル，河村ら
2007，2008）を学級活動の時間などに，定期的にトレーニングするのもよいと思
います。

　CSSは，親和的で建設的にまとまった学級で子どもたちが活用しているソーシャ
ルスキル，学校・学級生活を満足度が高く意欲的に送っている子どもたちが活用し
ているソーシャルスキルの公約数であるスキルです。したがって，子どもたち一人
一人にCSSを身につけさせることで，子ども同士の対人関係，学級集団がスムー
ズに形成され，集団活動も活発に展開されていく早道となるからです。

＜参考文献＞

河村茂雄・品田笑子・藤村一夫（2007）．学級ソーシャルスキル・小学校低学年．図書文化．

河村茂雄・品田笑子・藤村一夫（2007）．学級ソーシャルスキル・小学校中学年．図書文化．

河村茂雄・品田笑子・藤村一夫（2007）．学級ソーシャルスキル・小学校高学年．図書文化．

河村茂雄・品田笑子・小野寺正己（2008）．学級ソーシャルスキル・中学校．図書文化．

河村茂雄・高畠昌之（2007）．特別支援教育を進める学校システム．図書文化．

第2部　指導を変える15のコツ

No. *2*

リレーション形成で
ワンランク上の対応をする
〔普遍化信頼〕

普遍化信頼を育てる意義

　特定化信頼とは，簡略に言うと，自分と似た境遇・考え方・趣味嗜好
をもつ人に対する信頼です。特定化信頼をもつことは人間の心性として
は自然なことですが，こればかりが強すぎると「閉じた個」（p.24参照）
になってしまいます。

　いっぽうで，普遍化信頼とは，自分とは異質な人，自分の属するコミ
ュニティの外部の人，異なる考え方をもつ人に対してももとうとする信
頼で，特定化信頼とは真逆の概念です。異質な人に対する寛容さがあり，
見知らぬ人とでも価値観は共有できるという考え方に立つものです。こ
のような普遍化信頼が高い社会や集団では，人々がコミュニティ外部の
人との交流も活発になり，またそのことによりかえってコミュニティに
関与することも促進されます。メンバー個々がより開放的であり，いろ
いろな人とかかわるようになっているのです。

　普遍化信頼はまさに「開かれた個」の基底になり，その高まりは個人
における自発的な関心・意欲や協力を喚起し，ひいては，社会や国を越
えた多様な人々と共生できる力につながっていくのです。

　したがって，学級集団のリレーション形成は，不安感の強い傾向が見
られる現代の子ども個々に，普遍化信頼を育てることを目標として為さ

56

No.2 リレーション形成でワンランク上の対応をする〔普遍化信頼〕

れなければならないのです。学級集団という公的な集団で，個人の不安や私的な感情に左右されず，様々な人たちと協同的にかかわれる能力を育成していくことが，現代の子どもに対しては強く求められるのです。

普遍化信頼の育成に取り組む際のポイント

不安に起因した同調性の高まっている子どもが，異質性を感じさせる子どもに向けて行う行為は，時として酷いものがあります。厳しい順から言うと次の通りです。

ア）暴言やからかいなどを伴い，排斥や攻撃をする

イ）かかわることを拒否し，周りからその人の行動や態度を嘲笑する

ウ）かかわることを嫌がり，一緒の班活動などで露骨に嫌悪感を示す

エ）仕方なくかかわるが，最低限の表面的なかかわり方をする

オ）物理的にはふつうにかかわるが，対等な意識をもっていない

これらを越えて，やっと対等な意識でかかわることができるようになります。ただし，仲の良い友達同士となるかは，別の次元の話になってきますので，そこまでは本書で触れません。

子どもたちの普遍化信頼の育成に向けては，先に，ア）～オ）を打破することが求められます。その際のポイントが以下の4点（①～④）です。

①同じ行動が取れない人に対して，他者否定の先入観をなくす取組みをする

まず，上記のア）～オ）の行動を生む要因を，抑制する具体的な対策を立てる必要があります。学級集団での生活や活動において，すべての子どもに対して，次の対策を立てます。

57

第2部　指導を変える15のコツ

---

⑦ 不安や緊張感が高まらないようにする

④ 欲求不満や被侵害感が高まらないようにする

⑨ 承認感が低下しないようにする

---

⑦④⑨の対策に通常学級で特別支援教育を推進していくこと、つまり、できるだけ多くの子どもがわかりやすく行動しやすいかかわり合いや人間関係の構築をめざす、ユニバーサルデザインの学級経営（できるだけ多くの子どもがわかりやすく行動しやすい活動や授業をめざして展開される教育活動）に取り組むことが重要になってきます。学級集団を不安や緊張の少ない親和的な環境にしていくことが、大前提になるのです。

取組みの骨子は次の2点をあわせて展開することです。

Ⅰ．向社会的な行動の仕方をソーシャルスキルトレーニングの要領で取り組ませる（ハードルの低い活動から、その取組みで身につけさせたい資質・能力を目標設定し、それにつながる向社会的な行動の仕方を、ソーシャルスキルトレーニングの要領で取り組んでいく）

Ⅱ．⑦④⑨が起こると出現しやすい発言や行動であるp.57のア）～オ）に対して、機先を制しておく

---

⑦④⑨が起こると出現しやすい発言や行動ア）～オ）を、事前に例を挙げて、そのような発言や行動がどのような感情から生起するのかも含めて全体に説明し、教員から先手で念を押すようにします。学校現場で取り組まれている「ふわふわ言葉とちくちく言葉」などはその例です。

このような取組みを、次の点と一緒に行うことが必要です。

②綿密な計画をたて、スモール・ステップで取り組む

4月当初に「同じクラスに集まった人たちはみんな友達」という前提

で行う学級開きは，残念ながら通用しないことが多くなってきました。

　学級集団及び子ども個々の育成は，大きな目標に向かいつつ，スモール・ステップで計画的に一歩ずつ進めていくことが，ますます求められています。

　その前提として，学級集団の子ども個々の支援レベルと全体の分布状態を正確に把握し，そのうえで，現状の実態から計画を立て（p.83参照），取り組みやすい場面から，段階的に学級集団づくり（人間関係づくり）を展開していくことが，求められるのです。

　教員が少しずつ取り組み，その中に生まれていく子どもたちの小さなかかわり体験から，p.57のア）～オ）の言動を払拭できるような思いを，子ども個々が獲得できるようにしていくことが必要です。

③学級集団の発達過程に沿って，段階的に計画的に進める

　学級集団の中で子ども個々の人間関係を育んでいくことは，学級集団の発達過程に沿って，計画的に進めていくことが求められます。

　学級集団の状態は，子どもの間の相互作用，インフォーマルな小集団の分化，子どもと教員との関係，それらの変化により，その雰囲気や子どもの学級集団や教員に対する感情，行動傾向などに変化が起こります。学級集団の発達過程とは，このような学級集団の状態の変化を指します。

　したがって，学級集団を形成していく過程と，学級集団で個人が人間関係を形成していくことは，表裏一体の関係にあるのです。

　学級集団の代表的な発達過程を，次ページ（p.60）に示します（河村2012，表1）。

表1　学級集団の発達過程

学級集団の状態(Q-U)	集団の発達段階	
「親和的なまとまりのある学級集団」で満足群に70〜80%の児童生徒がいる。 「親和的なまとまりのある学級集団」で満足群に60〜70%の児童生徒がいる。	**自治的集団成立期** **全体集団成立期** 中集団がつながり全体がまとまっている。	↑ 育成
「親和的なまとまりのある学級集団」で満足群に50〜60%の児童生徒がいる。	**中集団成立期** 10人程度の中集団で行動している。	
かたさの見られる学級集団。 ゆるみの見られる学級集団。	**小集団成立期** 4〜6人の小集団で行動している。	
拡散した学級集団。または,不安定な要素をもった学級集団。	**混沌・緊張期** 2〜3人でくっついている。	↑ 回復
不安定な要素をもった学級集団。	**崩壊初期** 一人一人の人間関係が切れている。	
荒れの見られる学級集団。	**崩壊中期** 4〜6人の小集団が反目し合っている。	
教育環境の低下した学級集団。	**学級崩壊** 集団が拡大し教員に反抗している。	

No.2　リレーション形成でワンランク上の対応をする〔普遍化信頼〕

第1段階　混沌・緊張期

　学級編成直後の段階で，子ども同士に交流が少なく，学級集団のルールも定着しておらず，一人一人がバラバラの状態。

第2段階　小集団成立期

　学級集団のルールが徐々に意識され始め，子ども同士の交流も活性化してくるが，その広がりは気心の知れた小集団内にとどまっている状態。

第3段階　中集団成立期

　学級集団のルールがかなり定着。小集団同士のぶつかり合いの結果後に一定の安定に達すると，指導力のあるリーダーがいる小集団などが中心となって，複数の小集団が連携でき，学級集団の半数の子どもが一緒に行動できる状態。

第4段階　全体集団成立期

　学級集団のルールが学級集団の子どもにほぼ定着。一部の学級集団全体の流れに反する子どもや小集団ともある程度の折り合いがつき，ほぼ全員の子どもが一緒に行動できる状態。

第5段階　自治的集団成立期

　学級集団のルールが学級集団の子ども個々に内在化され，一定の規則正しい全体生活や行動が，温和な雰囲気の中で展開されている。子ども個々が自他の成長のために協力できる状態。

　上記の学級集団の発達過程の段階ごとに，①と②（pp.57－59）の取組みを展開していきます。

　特に，通常学級での特別支援教育の取組みでは，第1段階・混沌・緊張期—第2段階・小集団成立期—第3段階・中集団成立期まで（学級集団づくりのゼロ段階前後）の対応が重要です。p.57のア）〜オ）の言動を払拭できるように対応することが求められます（p.82〜参照）。

第2部　指導を変える15のコツ

　教育環境として第3段階・中集団成立期以下の学級集団の状態レベルは確実に脱却すべきであり，筆者は以下のような「学級集団づくりのゼロ段階」という基準を提起しています。

「学級集団づくりのゼロ段階」という基準

○学級集団全体で授業や活動が，一応成立している

○学級集団の雰囲気や状況が，子ども個人の人権，学習意欲・行動にマイナスの影響を与えていない

　つまり，「学級集団づくりのゼロ段階」のレベルとは，学級集団の子ども同士の相互作用が，子ども個々の学びとかかわりを阻害しない状態なのです。

　よって，「学級集団づくりのゼロ段階」にある学級集団かどうかを把握するための目安とは，状態像としては「かたさの見られる学級集団」と「ゆるみの見られる学級集団」であり，発達段階としては「小集団成立期までの学級集団」です。

　そして，「ゼロ段階」に満たない学級集団かどうかを把握するための目安とは，状態像としては「不安定な要素をもった／荒れの見られる学級集団」「教育環境の低下した学級集団」及び「拡散した学級集団」であり，発達段階としては「混沌・緊張期未満の学級集団」です。

　なお，学級集団の状態像についてはp.137のコラムの中で説明しているので，参考にしてください。

　学級集団づくりを教育的環境の整備として見れば，「学級集団づくりのゼロ段階」は教員が最低限確保するべき状態であり，学級集団づくりのゼロ段階とそれ以下のレベルの学級集団では，子ども同士の相互作用に明らかな違いがあります。ゼロ段階に満たない学級集団では，子ども同士の相互作用がマイナスのスパイラルに陥り，学級集団での生活や活

62

No.2　リレーション形成でワンランク上の対応をする〔普遍化信頼〕

動を通して，子ども個々の不安や欲求不満が高まってしまいます。

④普遍化信頼を形成するスキルの育成をし，活用を促す

　子どもたちを学習活動に取り組ませる際，「グループで学習しなさい」と子どもたちに丸投げしても，子どもたちが「主体的・対話的で深い学び」を自然と成立させることはないのです。子どもたちが「生きる力」としての資質・能力を獲得するためには，子ども同士の相互作用が建設的になり，そこから子ども個々に「人間関係の形成の仕方」「学び合いの仕方」などを学習させることが必要なのです。

　学級集団の子どもに協同的な活動をさせる場合，基本的には，子ども個々がその活動に必要な最低限のスキルを使えるようになっていることが前提条件として必要です。この条件を押さえずに，子ども個々がそのスキルを使えない中で子ども同士に協同的な活動をさせようとしても，マイナスの相互作用が発生する可能性が高く，かえって子ども個々の学習は深まらず，さらにはリレーションの形成も妨げられてしまいます。

　子ども個々に「人間関係の形成の仕方」「学び合いの仕方」を学習させる方法として，以下に示すジョンソンらの「真の協同学習が成立するための基本要素の獲得」が参考になります。

1）互恵的相互依存関係の成立

　構成員すべての成長（新たな知識の獲得や技能の伸長など）が目標とされ，その目標達成には構成員すべての相互協力が不可欠なことが了解されている。

2）二重の個人責任の明確化

　学習者個人とグループ全体の学習目標を達成するために必要な条件（各自が負うべき責任）をすべての構成員が承知している。

63

第2部　指導を変える15のコツ

3）促進的相互交流の保障と顕在化

学習目標を達成するために構成員相互の協力（役割分担や助け合い，学習資源や情報の共有，共感や受容など情緒的支援）が奨励され，実際に協力がおこなわれている。

4）「協同」の体験的理解の促進

協同の価値・効用の理解・内化を促進する教員からの意図的な働きかけがある。

以上が達成されることで，子ども同士の相互作用は親和的で建設的なものになります。

No.3

すべての子どもの
支援レベルに対応する

個々の特性に応じた生活・学習支援

　多様性を包含する学級集団づくりでは，一人一人の子どもに自分の持ち味を発揮させながら，友達との活発なかかわり（相互作用）を通じて，子ども個々に「生きる力」としての資質・能力を獲得させることをめざします。このような子ども個々の学びを充実させるためには，教員が，様々な背景をもつ子ども個々の特性を踏まえたうえで，生活や学習への支援を行うことが不可欠です。

　つまり，個別支援に対する考え方のパラダイム転換が必要です。

　個別支援は，「活動への参加に苦戦している子どもに対してのみ求められる」という考え方から，「子ども同士がより効果的な学びの相互作用ができるように，すべての子どもに対して行う」という考え方への転換です。

三つの支援レベル

　ただし，どのような支援，どの程度の支援を必要としているかは，子どもそれぞれに異なるものです。つまり，学級担任は，子ども個々の支援レベルに合った対応を行うことで，学級集団の子どもの学習効果や学級適応を高めていくのです。

65

第2部　指導を変える15のコツ

　石隈（1999）を参考にして考えると，学級担任に求められる子どもの支援レベルは，大きく三つに分けて考えることができます。子どもの支援レベルの大きい順に示すと，以下の通りです。

3次支援レベルの子ども

○不登校，いじめ被害，非行，発達障害，精神疾患などの問題を抱えている，特定の子ども

　状態像としては，問題行動が継続的に見られたり，一人で自律的に集団生活や活動ができず，教員からの個別対応を恒常的に必要としていたりする状態の子どもです。

　したがって，教員は，問題行動が起こる状況を改善する対応や，当人への不利益を低下させる対応や，本人のニーズに基づいた専門的な対応を行う必要があります。

2次支援レベルの子ども

○不適応感や不安を抱え，主体的に行動できない，一部の子ども

　大きな問題行動は見られませんが，内面に問題を抱えるなどして不適応感も高まっていて，一斉指導や全体活動の中では常に個別配慮を必要としている状態の子どもです。それが無いとトラブルや不適応状態が発生しやすいということで，「グレーゾーンの子ども」とも呼ばれます。

　子どもの問題状況が大きくなって，その子どもの成長を妨害しないように予防することが支援の目的にされます。早期にニーズを発見し，個別配慮の対応を継続していくことが必要です。

1次支援レベルの子ども

○3次，2次支援レベル以外の，すべての子ども

特に問題行動は見られず，不適応感も低く，一斉指導や全体活動に自ら参加できる状態の子どもです。

教員には，いわゆる「ふつうの子ども」と認識されますが，支援を必要としないわけではありません。より主体的に対人交流ができるように，基礎的な能力の開発を援助することが必要です。

学級経営が難しくなった要因

近年，学級経営が難しいと言われるのは，学級集団の中で子どもの支援レベルのバランスが変化してきたからです。

その変化は，全体対応の中で常に個別配慮を必要としている２次支援レベルの子どもがとても増加しているという傾向です。

この構造を理解するうえで重要な点は，２次支援レベルの子どもは，現状への不適応感や不安感が高いために，自分のことだけに近視眼的になっており，人間関係のもつれや不都合な出来事に対しては，建設的に問題解決に取り組むよりも被害者意識をもちやすい傾向があるという点です。その結果，みんなに貢献する，友達をサポートするという意識は低く，同時に，サポートをしてくれた相手に感謝を示すことも少ないのです。

このような２次支援レベルの子どもが増え，そして，ほかの子どもを支援することができる１次支援レベルの子どもが少なくなってきています。このように，子ども個々の支援レベルや学級集団の中で支援レベルの構成バランスが変わってきたために，教員の学級集団づくりが難しくなっているのです。

３次，２次支援を必要とする子どもの背景

学級集団の中で３次，２次支援を必要としている子どもとは，特別支

第2部　指導を変える15のコツ

援を必要とする子どもだけではありません。次のような子どもも含まれます。

○対人関係をうまく形成できない
○集団生活のルールに従って，学級生活・授業をはじめとする学級活動に
　参加できない

そして，3次，2次支援を必要としている子どもの背景となる要因は実に様々で，大きく四つのタイプがあります（河村，2005）。

---

①**いままでの生育暦の中で，子どもの能力が十分に育成されていない**
　甘やかし，しつけ不十分，人とかかわる体験不足などにより，行動の仕方が学習されてきていない。

②**情緒的な問題を抱え，行動できない**
　不安，対人恐怖などの心理的な問題を強く抱えているため，適切な行動をとることができない。

③**家庭の問題などの環境の問題を抱え，不具合が生まれている**
　保護者の不在や養育能力の欠如などにより，家庭での基本的な生活習慣が身についておらず，その結果，学級生活に支障が出ている。

④**器質的な問題を抱え，うまく行動できない**
　特別支援教育の対象となる，発達障害を抱えている子ども。単なる学習不足ではないため，ほかの子どもと同様な行動をとることを，本人や周りの努力だけに期待するには限界がある。

　学級担任にとって，①から④までの問題には軽重はなく，子どもがどの問題を抱えていても丁寧に対応することが必要です。
　従来から，教員は①②③のタイプが絡んだパターンの子ども（その中に④のケースが内在していた）の個別対応と，その対応を内包した学級

68

No.3 すべての子どもの支援レベルに対応する

経営に，四苦八苦している状態にありました。

このような現状の中で，④の問題を意識して積極的に取り組むことを期待されたとき，教員はその仕事量の多さゆえに，①②③の問題を抱えている子どもへの個別対応が，十分できなくなる可能性も高まってしまうことが考えられます。

1次支援を必要とする子どもへの対応

1次支援レベルの子どもにも，細やかな支援が必要です。またこれは，3次，2次支援レベルの子どもにも有効です。

子どもたちの人間関係の形成についての現状は，例えば文部科学省（2011）も説明している通り，かなり水準が低いものです。

○子どもは気の合う限られた集団の中でのみコミュニケーションをとる傾向が見られる
○相互理解の能力が低下している，自分の思いを一方的に伝えているにすぎない
○同意や反対の意思を伝えるだけで対話になっていない
○等質的なグループや人間関係の中でしか行動できず，異質な人々によるグループ等で課題を解決することが苦手で，回避する傾向にある

このように，学級集団では子どもが人間関係の形成に苦戦する状況は日常的に見られ，教員が，誰もがわかりやすく行動のしやすい指示や説明の仕方，場面設定を講じることも，子ども個々の生活・学習支援として有効です。

つまり，1次支援レベルに必要な個別支援を考えるうえでは，個別対応とは限らず，このようなユニバーサルデザインの支援として行うことも考えられます。そして，こういった対応はますます必要です。

69

第2部　指導を変える15のコツ

すべての子どもの支援レベルに対応するには

　学級担任が学級集団のすべての子どもの支援レベルに対応するためには，まず次の点に確実に取り組むことが必要です。

すべての子どもに必要な個別支援

①特別支援を必要とする子どもの計画的な支援（適切なアセスメントを前提とした，個に応じたプログラムが必要です）

②ほかの要因で個別対応の必要な子どもの承認感を高める支援

③すべての子どもへの友達やグループにかかわる能力を育成する開発的支援

　多様性を包含する学級集団づくりでは，①だけに取り組むのではなく，①～③を統合的に展開していくことが求められます。

column
「ゼロ段階」までの学級集団づくり

　「学級集団づくりのゼロ段階」は，教育的環境としては最低限の状態であり，この「ゼロ段階」に満たない学級集団では，子ども同士の相互作用がマイナスのスパイラルに陥り，子ども個々の不安や欲求不満が高まってしまうのです。

　多様性を包含する学級集団を育成するためには，まずこのゼロ段階のレベルを突破する取組みが求められるのです。

　第1〜第3段階の取組みの中心と留意点は，以下の通りです（河村，2012）。

第1段階　混沌・緊張期（学級編成直後の段階）

①向社会的な行動の仕方を能動的に教示していく

　この段階は子ども個々がどのように振る舞えばいいのか戸惑っている時期ですから，学級生活のすべての日常生活において，そのとき求められる向社会的な行動の仕方を学級集団のルールとしてソーシャルスキルのかたちとし，いろいろな場面で，教員から子どもに対して能動的に示してあげるとよいでしょう。

　学級集団を秩序づけるためにも，ルールづくりには最適の時期です。向社会的な行動が基底にあるルールが，子ども個々の行動の仕方の指針となるからです。

②不安のグルーピングの発生を予防する

　さらに，不安のグルーピングの発生を予防することが必要です。人は不安が高い場合，特定化信頼で結びついて安心感を得ようとします。その結果，身近な（同質的な）人同士で固まり，異質な人や違う考えの人を排除しようとします。

　なぜなら，異質な人の排除は，不安で固まったメンバーたちが共通の敵をつくって団結するための手段になるからです。したがって，身近な（同質的な）人同士が固まらないように，意識的に子どもたちをグルーピングしていくことが必要です。

71

その際，「おはよう」「さようなら」「ありがとう」「ごめんなさい」などの「基本
的なあいさつ」と，相手を尊重する姿勢を示す「基本的な聞く態度」は，長く継続
して生活していく共同体のメンバーが大きな摩擦を起こさず生活していくための，
大事な人間関係を形成し維持していくためのマナーです。意味と行動の仕方の説明
を朝の会や帰りの会でしっかり説明し，４月中はいろいろなメンバーと実際に場面
を設定してやってみるということを計画的に行うことが必要です。

　また，生活班，学習班，係のグループなどは，それぞれ別のメンバー構成にして
いきます。この段階では，特定の友達と仲を深めるというよりも，学級集団の誰と
でも（特別支援の必要な子どもも含めて），あいさつができて一緒に活動できる，
ことをめざして取り組むことが肝要です。

第2段階　小集団成立期

①役割交流と役割行動を通して，向社会的行動を身につけさせる

　この時期は，いろいろなメンバーで班を組織して，「生活班」「係活動の班」「学
習班」などの活動に計画的に取り組ませます。特定の子どもが孤立することを物理
的に防ぎ，人間関係づくりの最低限の基盤とします。

　ひな形となる行動の仕方がある役割交流を通して，物理的に交流させ，いろいろ
なメンバーとかかわることで抵抗を払拭していきます。その際，「基本的な話す態
度」「許容的態度」「集団マナーの遵守」などの集団活動の参加の仕方のスキルを，
練習させながら交流させていくのです。

　そして，生活班の役割，係活動の仕事内容や責任範囲，役割行動の仕方は，すべ
ての役割について全体の前で具体的に説明し，一つ一つみんなで確認します。全体

column 「ゼロ段階」までの学級集団づくり

を知ることで，相互作用がスムーズに展開します。

　向社会的な行動をきちんとできている子どもをほめるときも，その行動の適切さ，どうルールに沿っていたのかを具体的に指摘して，行動をほめるようにすることが求められます。フィードバックがうまくいくと，ほかの子どもたちにとってもいいモデルになります。

　特別な支援が必要な子どもには，個別に文脈に沿った役割行動の仕方を教えてあげることも求められます。そして，特別支援の必要な子どものルール違反の行動は，落ち着いたところで，いまとった行動がなぜ望ましくないのか，そのようなときには「どのような行動をとればよいのか」を具体的に確認しつつ，行動できるようにしていくことが必要です。いろいろな場面で，問題となる行動の代替となる向社会的な行動を，一つ一つ教えていくのです。

②向社会的行動の背景にある意味や価値について，繰り返し伝えていく

　さらに，この時期に特に求められるのは，そのような行動をする意味や価値を，全体対応や個別対応で，様々な場面を捉えて，子どもたちに訴えて個々に納得させていくことが必要です。このような教員の対応が不足すると，期待される行動が定着しないか，定着してもかたちだけになってしまいます。

　また，人間には好き嫌いはありますが，そのような私的感情や，相手によって役割行動に差をつけるのは周りの人から信頼感を失うことを，繰り返し言って聞かせることも必要です。

③差別や偏見は人の心と集団を蝕んでいくことを，場面を捉えて伝えていく

　差別などは，無理解ゆえに意識しないでしてしまうことも多いものです。集団の恐さは，外部の人から見ると変だと思うことでも，周りのみんながしていると，所

73

属している人は感じなくなっていくことです。例えば，集団内における少数の力の弱い子どもなどに対する，人権を傷つける行動などです。

　このような場合は，全体に厳しく注意するだけでは対応として不十分で，一時的にそのような行動が減少したとしても向社会的な行動はなかなか根付きません。子どもが心からそれはダメだと納得することが少ないからです。

　そこでこういう場合には，時間をとって，たとえ話などを用いて，自分たちがしてしまっている問題に気づかせ，それは間違った行動であることを，感情面も伴って理解させることが求められるのです。まさに，道徳性の育成です。

　この時，ほかの子どもに，特別支援の必要な子どもの思いや行動の意味を説明してあげることも求められます。これが，ルールの共有化とリレーションの形成，全体対応と個別対応を統合する対応になるのです。

第3段階　中集団成立期

中集団で活動する際の見通しと，行動の仕方と連携の仕方を，教示する

　この段階では，学校行事への学級集団全体での参加など，学級の枠を越えて，広い交流の輪の中で活動していくことになります。つまり，「生活班」「係活動のグループ」による取組みは必要条件であり，さらに十分条件として，学校行事や学年行事への参加，学級集団全体のイベントに中集団を単位にどう取り組んでいくかが大事になってくるのです。学級集団が小集団の集まりから中集団になって活動できるようになるには，複数の小集団が連携できなければなりません。

　したがって，小集団成立期すなわち「学級集団づくりのゼロ段階」をしっかり達成できていないと，中集団成立期に進んで，より大きな人間関係の輪の中でやって

74

column 「ゼロ段階」までの学級集団づくり

いくことは難しいのです。

　まず，中集団の活動の目標と展開の流れを，事前にみんなできちんと確認することは前提です。大きな目標の達成のイメージを示して，そこに向かうためにどう段階的に取り組んでいくのか，要所要所にマイルストーン（下位目標）を設定して，各段階での，「具体的な活動の仕方＋展開の目安」を詳しく説明し，理解させることが求められます。

　この時，前年度の様子を記録した映像（当日だけではなく，取り組む過程も記録したもの）を見せることができれば，とても効果的です。長い時間話すよりも，映像を見せながら解説し，大事な点や問題となる点を話し合わせる方が，格段に理解が深まります。

　そして最も大事なことは，小集団の連携の仕方を理解させることです。

　対人不安の強い傾向が見られる現代の子どもは，より大きな人間関係の輪の中に入ると動揺しやすく，不安のグループのマイナスの特性が表出しやすくなります。なぜなら，小集団での同調性が高まり，異質性を排除するからです。

　事前に，小集団の連携の仕方で難しい点（意見の対立をどう折り合うか，手抜きをする子どもをどうするか，など）を取り上げ，そのようなことが起こることを理解させ，その場合の対処の仕方（こじれそうになったら教員の前で話し合う，など）を決めておくことが求められます。

　特別支援を必要とする子どもへは，次の配慮が求められます。

　特別支援を必要とする子どもが，最初は，不安なく一緒にやっていける子どもと小集団の中に入っていることが必要です。そのうえで，その小集団を単位に中集団に位置づかせて，活動させていくのです。

第2部　指導を変える15のコツ

No. **4**

すべての子どもの 承認欲求に対応する

なぜ必要か

　教員が特別支援を必要とする子どもに個別対応しているとき，それを うらやましがる子どもが出てきます。学級担任がすべての子ども個々に 必要な支援ができていないとき，このようなことは起こります。

　教員が個別対応しているとき，「ひいき」などとその支援行動を否定 したりする子どもが学級集団の中に増えてくると，必要とされる個別対 応がやりにくくなるだけではなく，個別対応を受けている子どもに対し て，教員の見ていないところでネガティブな行為が為されかねません。

　つまり，特別支援を必要とする子どもに個別対応を行うということは， その一方で，すべての子どもの承認欲求を満たすという対応も，あわせ て行う必要があるのです。

他者の個別対応を妬む子どもの心理

　人は年齢，地位，学歴に関係なく，はかの人から認められたいという 欲求，すなわち，承認欲求があります。子どもならなおさら，自分の先 生から認められたいという欲求があるものです。

　ここで大事なことは，学級集団の一人としてではなく，一人の個性あ る人間として認められているという認識が大事なのです。

76

No.4 すべての子どもの承認欲求に対応する

　個別対応を受けている子どもが学級集団にいると，それを見ているほかの子どもの認められたい欲求は，必ず刺激されます。「Ａ君だけひいきされている」という訴えはその表れなのです。

　押さえておきたいのは，個別対応を受けている子どもが学級集団にいると，それを見ているほかの子どもの認められたい欲求はより高まるということです。それを教員がいくら理屈で説明しても，子どもは感情的に納得することはできません。

　感情的にも納得するためには，個別に教員に認めてもらうことが必要なのです。教員と感情の交流をする中で，自分の存在を認めてもらえていることを実感させましょう。

　つまり，教員が特別支援を必要とする子どもに個別対応しているとき，それをうらやましがる子どもとは，より高まった自分自身の承認欲求が満たされていないと感じているのです。

　さらに，教員は「全体活動への参加に苦戦している子どもに対してより支援をする」という傾向があります。それは逆に言うと，「それ以外の子どもに対しては支援が乏しくなる」ということです。

　その結果として，承認欲求が満たされていない子どもは，特別支援を必要とする子どもが教員から支援されているのを妬むのです。

建設的なかかわりは承認欲求の充足から

　押さえておきたいのは次の点です。

○子どもはある一定の承認欲求が満たされていないと，ほかの子どもと建
　設的なかかわりができない

　その結果，承認欲求が満たされていない子どもは，ほかの子どもが個別対応されているのを，素直に受け入れられなくなるのです。それを見

77

第2部　指導を変える15のコツ

て妬み，その子どもにネガティブな行動をしかけたりするのです。

　さらに，教員に対しても，試し行動を仕掛けてきます。

　ふつうにしていても教員からの注目を得られず，個別対応もしてもらえないため，「無視されるより怒られてでも注目を得たい」という心理により，あえてネガティブな行動をして教員の関心を引こうとするわけです。それを表面的な行動だけ捉えて叱ってしまうと，かえってそのような試し行動は頻発してしまいます。

　他人の特別な対応を見てうらやましがる子どもに対して，教員はその子どもにプラスのフィードバックを増やすことが必要になります。

　子ども個々に適切な支援が行き届いているかを見るバロメーターは，その子どもが学級集団での承認感をもてているかどうかです。Q-Uの承認得点はその良い指標になるのです。

すべての子どもの承認欲求を満たす

　すべての子どもの承認欲求を満たすための方法を，教員は事前にいくつか用意しておくことが求められます。そして，教員は，学級集団の子ども一人一人に合ったやり方で，すべての子ども一人一人と定期的に交流することが必要です。

　次のようなものが代表的な方法です。

---

①あいさつに添えて一言

　「A君，おはよう」「B子さん，さようなら」という具合に，あいさつに子どもの名前を必ず添えるようにします。

　さらにそのとき，「あれ，髪型変わったね」「最近，部活動はどうかな」という具合に，一言二言，言葉を交わしましょう。このような会話は「先生はあなたのことを大事に見ているよ」というメッセージになり

78

ます。

②教員と子ども一人一人との感情交流の場の確保

ノート指導の際に教員の思いを書き添える，子どもと交換日記をするなど，子どもの思いに個別に沿ってあげるのです。それが，教員と子ども個人との感情交流になります。どちらかというとおとなしい子どもに対して，教員からさりげなく定期的に行うことが大事なのです。

③教員との雑談の時間の確保

授業の合間の時間，班を回って給食を一緒に食べる時間，そういうちょっとした機会を見逃さず，役割意識に捉らわれないプライベートな話題で盛り上がるのです。例えば，サッカーや野球など子どもの好きなスポーツの話題，好きな歌手の話などで，子どもと雑談し，一緒に楽しめることが大事です。

みんな違ってみんないい，という意識をもつ

この内容は次の意味を内包しています。

○子ども一人一人の人権は等しく平等である
○子ども一人一人の能力や特性はみんな違う

例えば，数学は得意だが英語は苦手，一人活動や作業は好きだけど集団行動は苦手など，一人一人の子どもにはいろいろな領域で，能力差や好みの差があります。それにもかかわらず教員に，特定の価値軸を用いて，「誰が優秀で誰がダメだ」というようなレッテルを貼る傾向があれば，その考えは戒めなければいけません。レッテルを貼る雰囲気が，子ども個々の人権の軽視や差別の助長にもつながるからです。

人間には一人一人に得意なことや苦手なこと，好きなことや嫌いなこ

第2部　指導を変える15のコツ

と，変わったクセがあります。それが人間であり，その中で自分なりに
向上しようとすることが大事であることを，教員は子ども個々に理解さ
せる必要があります。

　そのために教員は，子どもをほめる際と注意する際に，次の点を意識
する必要があります。

○子ども個人の人間性についてではなく，その行動や態度に注目する

○結果に注目する以上に，取り組んだプロセスに注目する

○子ども同士を比較するのではなく，その子どもの個人内での取り組み方
　に注目する（みんなと同じにできないことを，叱責の理由にしない）

　以上を意識して，子どもに対応することが求められます。

中集団での活動時は，すべての子どもの承認感をより満たす

　中集団の活動は，小集団の活動よりもグループの規模が大きくなるの
で，子ども個々は小集団の活動時よりもグループの中での自分の行動が
見えにくくなり，一人一人の子どもの直接的な承認感も低下しがちです。
中集団での活動時こそ，教員はさらに注意し，すべての子どもの承認感
をより満たすようにすることが必要です。

○中集団の活動の中で，①特別支援の必要な子ども，②ほかの要因で個別
　支援の必要な子ども，③ふつうの子ども，以上の①～③すべての子ども
　の承認感を満たしてあげることが大事です。

---

　①と②の子どもには，ある程度個別作業ができ，結果がかたちとして
見える役割を割り振るなどの配慮は必要です。そのうえで，定期的な振
り返りの会を設定し，全体の場で個人のがんばりが認められ，周りの子

80

No.4 すべての子どもの承認欲求に対応する

どもからも承認の言葉がけをもらえるようにします。どんなに忙しくて
も，この取組みは不可欠です。

　また，③の子どもが，集団が明るく・前向きに活動できる雰囲気を形
成している（エンパワメント）ような言動を行った際に，教員が意識し
て全体の前で取り上げ，評価してあげることが大事です。

　ちなみに，エンパワメントとは，人々に夢や希望を与え，勇気づけ，
その人が本来もっている能力，生きる力を湧き出させるように支援する
ことです。

　エンパワメントは，小集団成立期までは教員が意識的に取り組んでき
たことです。しかし，教員ができる対応にも限界があります。そして，
中集団成立期では，周りをエンパワメントできる子どもを増やしていく
ことが，教員に求められます。そこで，そのような子どもを高く評価す
る雰囲気を，学級集団の中に形成することが必要になります。

　中集団の活動の中で，このような雰囲気に包まれて活動できることで，
子ども個々の愛他性や向社会性は育まれていくのです。

第2部　指導を変える15のコツ

No.5

子どもの支援レベルに応じて学級集団の育成方針を決める

学級集団づくりの目標と方法論の選択

　授業での子どもたちの学習形態は，学級集団の子ども個々の実態と，学級集団の状態に規定されます。それと同様に，学級集団づくりの育成目標や学級経営方針も，学級集団の子どもの支援レベルに応じて決まるのです。

　つまり，多様性を包含する学級集団づくりでは，学級集団の子どもの実態によって，学級集団育成の目標レベルと方法論は異なります。そこでは「○学年だから～までの学級集団を育成しなければならない」というような固定観念は捨てなければなりません。

　そこで，学級担任にまず求められることは，学級集団の子どもの支援レベルを掴むことです。そして，学級集団内のすべての子どもの支援レベルの分布状態を把握することで，その学級集団で実施できる指導の内容とレベルの方針が見えてきます。

　教員は，指導の内容とレベルは，自分の思いだけで決定せず，その学級集団の状態に大きく依拠されることを常に意識して，実態に応じて柔軟に設定する必要があるのです。

　教員が，学級集団のすべての子どもの支援レベルと，その分布状態を把握するうえで，支援レベルを生活面と学習面で整理して考えるのが，

わかりやすいと思います。例えば以下に示す表2のように，子ども一人一人への支援レベルの大きさがアルファベット順でA→Fに進むにしたがって大きくなると考えます。

表2　子どもの支援レベル早見表（生活の支援レベル＊学習の支援レベル）

		3次	2次	1次
学習の支援レベル	1次	C1 $3*1=3$	B1 $2*1=2$	A $1*1=1$
	2次	E1 $3*2=6$	D $2*2=4$	B2 $1*2=2$
	3次	F $3*3=9$	E2 $2*3=6$	C2 $1*3=3$

生活の支援レベル

教員の熟達度の問題

　教員の指導行動には，一定のセオリー（理論）があります。

　そして，教員がその指導行動を実際にとる際は，その場の状況や文脈に合わせて，セオリーに沿った指導行動をアレンジするのです。

　指導行動をうまく展開できる教員と言われる人は，次の3点のすべてを確実に遂行しています。

①セオリーに基づいた指導行動のあり方を豊富に身につけている

②その場の問題状況を適切に分析して理解することができる

③①と②を合わせて，セオリーに沿った指導行動をアレンジして適切に展開できる

第2部　指導を変える15のコツ

　逆に，指導行動をうまく展開できない教員は，上記の３点のどれか（複数の場合もあります）に苦戦しているのです。

　大学の教員養成課程では，①の学習は為されても，②と③の学習が為されることは少ないのです。①は座学でも行うことができますが，②と③は座学だけでは十分に学習することができず，体験を伴って学習されなければならないにもかかわらず，近年では，学校現場でのインターンシップ制度も設定されてきましたが，①②③をセットで，学生が指導者から適切な助言や指導を受けられるような時間が，十分に取りにくいのが現状です。

　したがって，②と③は教員となって学校現場に出てから，働きながら学習していくことがほとんどです。①～③の３点を踏まえて適切に指導行動を発揮する方法を，学校現場でOJT（On-the-Job Training）などで身につけるのです。ちなみに，OJTとは日常業務を通じた従業員教育のことであり，先輩社員が若手社員に，業務現場において働きながら，業務現場の特定の文脈を捉える視点やそのときの対処法などを具体的に指導することです。

　しかし，OJTのシステムは，学校現場では必ずしも徹底されていません。それゆえ，適切なOJTの機会が得られず，10年以上の教員経験があっても，泥縄式の指導行動になっていたりワンパターンの展開に終始したりしている教員がいるのです。

選択するための公式

　p.83の②のその場の問題状況を分析する視点として押さえたいのは，その学級集団の子どもたちが協同で活動や学習ができるレベル（p.63で説明したジョンソンらの真の協同学習が成立するための基本要素の獲得のレベル）です。現場の教員は，これをその学級集団で全体指導ができ

るレベル（学級集団の8割の子どもができる内容）と考えていると思います。

　筆者はさらに，それをルールとリレーションの確立の組み合わせで捉えた学級集団の状態で考えるのが効率的であると考え，Q-Uを開発しました。②に大きな影響を与える変数として，学級集団の状態の把握は不可欠だと思います。

　つまり，個々の子どもの支援レベルの分布状態が同じような学級集団であったとしても，学級集団の状態が親和的な場合と不安定な場合とでは，学級担任の対応すべき内容とレベルはかなり異なります。

　学級集団の状態が親和的であれば，特別支援を必要とする子どもも周りの子どもから支援的にかかわってもらえ，その子の情緒が安定するなどして，学級集団に適応できることが多くなります。

　逆に，学級集団の状態が不安定であれば，学級集団はピリピリした雰囲気であり，特別支援を必要とする子どもも周りの子どもからネガティブな対応をされやすくなります。そのため，その子の情緒が不安定になり，いくら教員が個別対応を徹底しても，その子が学級に適応することが難しくなってしまう場合が少なくありません。

　そこで，学級集団づくりの育成目標や学級経営方針は，以下の関数で捉えるとわかりやすくなります。

　学級集団づくりの育成目標や学級経営方針
　　＝ 学級集団の状態 ＊ 学級集団の子どもの支援レベル

　上の式で学級集団の状態は，p.62などでも説明してきた，親和型―学級集団のゼロ段階―ゼロ段階未満の3段階の枠組みで捉えるとわかりやすいでしょう。

　そして，学級担任一人で対応できるかどうかを検討する際の基準は，

第2部　指導を変える15のコツ

以下のレベルだと思います。

①親和的なまとまりのある学級集団　＊B，C，D，Eの子どもが2，
　3人在籍している
②「学級集団づくりのゼロ段階」の学級集団　＊B，C，Dの子どもが
　1，2人在籍している

　上記①②以外のレベルは，校内の教員組織体制の中で連携をしなが
らチームで対応することが必要です。

　教員は常に「学級集団の状態」と「学級集団の子どもの支援レベル」
を把握し，かつ，両者の関数値を見定めて，学級集団育成目標や学級経
営方針を立て，セオリーに沿った指導行動をアレンジすることが必要で
す。

全体指導と個別支援を統合させるには

　教員の全体対応と個別対応の統合のポイントは，次の2点の両立です。

①個別対応をしているときに，ほかの子どもの学習を保障する
②全体対応の中に，個別対応の要素をプラスに位置づける

　以下に詳細を解説します。

①個別対応をしているときに，ほかの子どもの学習をどう保障するのか

　教員が特定の子どもに個別対応をしているときに，ほかの子どもの学
習も確実に保障するためには，次の対応を取ることが大事です。

○すべての子どもに個別支援が必要なこと，ルールの達成は個人の努力目
　標であり個人内評価でなされること（他者と比べるものではないこと）

86

を理解させる

○教員が特定の子どもの個別対応をしている間に，ほかの子どもが自分た
　ちで行っている学習や活動を充実させる手段（教材・教具の準備，自主
　学習する方法の確立）を事前に用意しておく

○すべての子どもに対して，その子に合った個別支援を充実させる

②全体指導の中に，個別支援の要素をどうプラスに位置づけるのか

　個別対応を必要とする子ども用に準備した教材，教材提示道具，学級
の掲示や机の配置などが，ほかの子どもにも有益になるよう，全体対応
をより充実させることができるように活用できることが理想です。そう
することで，「その子どもだけが特別待遇を受けてひいきだ」という思
いを抑止することができるのです。

○多様な提示の方法を提供すること

○多様な表現の手段を提供すること

○多様な関与の手段を提供すること

　以上の３点を保障する（ユニバーサルデザイン。人々の能力や学習ス
タイル，及び好みなどの多様性を前提として，すべての人々に平等の学
ぶ機会を提供する）ことで，障害のある子どもも障害のない子どもと同
じ通常の教育カリキュラムで学習することが可能となります。

　そして，インクルーシブ教育システムの中で，個に応じた学びが実質
化されていくのです。

指導行動の
チェックポイント

No. 6　望ましい行動を示し，それに近づくように支援する

No. 7　行動の仕方は具体的に明確に指示する

No. 8　タイムリーな言葉かけで主体的な行動を支援する

No. 9　ポジティブな言葉かけを意図的に増やす〔リフレーミング〕

No.10　子ども個々の自己効力感を確実に高める

No.11　最初から多様な学習方法を提示し自己選択させる

No.12　未熟なソーシャルスキルを見定め，支援する

No.13　マイナスの相互作用の発生を予防する

No.14　アドボカシー的対応をする

No.15　デュアルタスク機能を高める

第2部　指導を変える15のコツ

No. **6**

望ましい行動を示し，
それに近づくように支援する

向社会的な行動を育てるために

　親和的で建設的な学級集団の形成は，子ども一人一人が学級集団の人間関係を通じて，より学び成長できるようにするための手段です。したがって，子ども一人一人が向社会的な行動を獲得できるように，教員の支援が求められるのです。

　逆に，良い学級集団の形成が目的になり，そのために子ども個々を管理するような学級集団づくりは，逸脱行動や反社会的な行動が減っていても，本末転倒しています。なぜなら，学級集団の中の逸脱行動や反社会的な行動を減らすことがイコール，子ども個々の向社会的な行動の獲得につながるわけではないからです。

望ましい行動を示し，それに近づくように支援する

　向社会的な行動を育てる指導の骨子は，「不適切な行動を指摘し矯正する指導よりも，望ましい行動を示し，それに近づくように支援していくやり方をとる」ということです。

　この方針は，予防教育の推進をめざしたものですが，教育上のリスク要因（非行，不適応の発生など）を軽減することだけでなく，子どもの人格形成および子どもを取り巻く環境にも焦点を当て，子どもの資質・

90

能力の向上をめざした包括的な介入のあり方をめざしています。

　つまり，予防教育の推進とは，「問題行動が見られる状況を生起させないこと」ではなく，「問題行動の代替となる建設的な行動（教育目標となる資質・能力）を，学級集団の子ども個々に獲得させる支援を進めていく中で，結果的に，問題行動の生起を予防すること」をめざすものです。そして，これは，向社会的な行動の育成そのものです。

いじめ問題での対応例

　例えば，いじめ問題への対応について，従来は，子どもの攻撃性を減らすことばかり取り組まれてきましたが，このような取組みで子どもの攻撃性を減らすことができても，その取組み自体が親和的な人間関係の構築にはなりません。攻撃性を減らすだけに過ぎず，向社会的な行動は育成されません。なぜなら，子どもの攻撃性を軽減することが，思いやりのある行動（親和的な人間関係を形成する資質・能力）を子どもが獲得することに，そのままつながるわけではないからです。

　そこで，いじめ問題に対応し，さらに子どもに向社会的な行動を育てるには，子どもの攻撃性を減らすことだけでなく，いじめの加害行動の代替となる，他者に対する共感性や思いやり行動（向社会的な行動）の育成も目標にすることが重要です。

開発的な予防教育へ

　このように，予防教育の推進は，特定の症状や問題の抑制だけではなく，健康な行動や感情の育成という開発的な支援を含めて，ねらいを拡大して取り組んでいくことが必要です。

　上記は，アメリカの方針をモデルにしたものです。アメリカでは従来別々に取り組まれていた，特殊教育（special education）と通常の教育

第2部　指導を変える15のコツ

（general education）を，一本化する学校のシステム改革が推し進められ，障害のある子どもが通常の教育カリキュラムを受けられるように，様々なアプローチや方法の開発が急速に進められました。我が国はこのシステムをモデルにしようとしています。

　この方針による取組みは，子どもの学力と社会性の2つの側面の向上について，実証的な成果を挙げていることが多数報告されています。そこで次に，アメリカの代表的なモデルを解説します。

SWPBIS (School Wide Positive Behavioral Interventions and Supports)

　SWPBISとは，スクールワイドな支援における，問題行動の「階層的予防モデル」です。

　まず，第1次介入として，すべての子どもを支援します。問題行動の代替行動となり得る向社会的行動を，すべての子どもに共通する行動目標として設定し，支援を進めていくことによって，結果的に問題行動の生起を予防することをめざします。

　それだけでは問題行動を示す可能性を払拭できないと考えられる場合に，第2次介入（専門的なグループ支援），第3次介入（専門的な個別支援）へと順次支援を厚くしていき，すべての子どもに相応しい支援を行き届かせようとするものです。

　流れの例としては，以下のようになります。

⓪学校として大事にしたい価値を決める（例えば「責任」「尊敬」「安全」）

①最初から望ましい行動を奨励するために，場所ごとにそれらにつながる
　期待行動を具体的に提示する（「安全」の例：廊下では静かに歩く等）

②該当する行動をすると教員らが頻回に評価していく

③個々の子どもも自己目標を設定し，それに沿って自らの行動を振り返る

No. 7

行動の仕方は
具体的に明確に指示する

空気を読めない人もいられる環境づくりの必要性

　中高生や大学生も「空気を読めない人」を，「KY：ケーワイ」（Kuuki ＝空気，Yomenai ＝読めない，の略）と称して，敬遠しがちです。

　この「空気を読む」とは，その場の雰囲気から状況を推察し，「その場で，おもに自分が何をすべきか・すべきでないか」「相手のして欲しいこと・して欲しくないこと」を憶測して判断すること，「暗黙のうちに要求されていること」を把握して履行すること，です。

　空気が読めない人（KYな人）というのは，その場に集った人たちの親和的なコミュニケーション形成を阻害することが多く，そのため，周りから疎ましく思われがちで，嫌われる存在になりがちです。

　KYの背景に，視点取得（perspective taking）の能力の低さが影響していることが考えられます。視点取得とは，他者の見方や立場で物事を考えたり感じたりすることであり，人間関係の中で体験学習しながら身につけていく能力です。つまり，近年の対人関係の希薄化した社会では，体験学習不足で視点取得の能力や傾聴スキルが未熟だったりして，KYの人が増えているのかもしれません。

　「こうであらねばならない」ということが多い，同調圧力が強い集団や組織では，特に，KYの人は排斥されやすく不適応になる可能性が高

93

第2部　指導を変える15のコツ

まってしまいます。

障害特性による難しさ

　空気が読めない原因は，視点取得する能力が低い，人の話をしっかり聞き取る傾聴スキルが不足しているなどの対人関係の体験学習が不足していることが考えられますが，それ以外に，発達障害の特性からも困難さが生じている可能性が考えられます。

　つまり，KYと敬遠されてしまう子どもは，その子どもが対人関係の体験学習を積んでも，それだけでは困難な状況が改善されないケースがあることを，教員は押さえておく必要があります。

　したがって，空気が読めないことの原因と指導について，従来の発想を前提にして，子どもに対応していくだけでは，これからは不十分なのです。

対人関係のしきたりによる難しさ

　私たちの周りには，ルールとしてはっきり決まっていなくても，その組織での暗黙のルールとして設定されているものがあります。

　例えば，「集合時間は定められた時間の5分前」という暗黙のルールがある組織で，時間ぎりぎりに集合場所に行くことを繰り返していると，その人は徐々に周りの人から信頼されなくなってしまいます。

　また，「○時に校庭にテントを張りますので，お手すきの人は集合してください」というような緩やかな依頼です。特に日本人は物事をはっきり言わず，このように曖昧に表現する場合が少なくありません。言葉だけでは，よほど時間に余裕がある人だけが行けばよいと解釈できそうですが，実は半強制的なニュアンスがあって，呼びかけに応じないことが度々あると，「協調性のない人だ」という評判が立ってしまいます。

94

No.7　行動の仕方は具体的に明確に指示する

　同様に，はっきりとした回答が必要な場面で，あえて遠回しな表現を
する場合があります。例えば，「NO」と直接言うのをはばかって，「考
えておきます」と表現するケースです。こういうとき，依頼した人は，
そのまま相手の返事を待てばよいというものでもありません。

　さらに，「日本人は相手の気持ちを察することを重要視する」と言われ
れるように，表に開示されていない内々の事情や思いなどを，外に表れ
ている様子などから感じ取って（推測して）了解し，そのことを前提に
多くを説明しない場合があります。例えば，欠席が続いていた人が久し
ぶりに活動に参加した場合など，その人が暗い顔をしていたら，欠席の
理由について詳細に聞くようなことをせず，表情などから推測して理解
しようとするものです。そのような人に根掘り葉掘り聞く行為は，デリ
カシーを欠く行為であり，ともすれば嫌われる行為になりうるのです。

　先に例示したような暗黙のルール，曖昧な表現，遠回しな表現，相手
が察することを前提とした行動などの対人関係のしきたりは，いわば
「閉鎖的な村社会での人間関係」を円滑に保つための，人々の知恵です。

　そして，上記のような人間関係の方法がわからない人は，注意や叱責
の対象となりました。

　しかし，叱責や注意をされても，それがそのまま適切な行動の獲得に
つながるわけではありません。よかれと思って行われた叱責や注意が，
逆に，それらの方法がわからない人の感情を悪化させたり，自信を失わ
せ，適切な行動の獲得を阻害したりする場合もあります。

　これからは，上記のやり方はわからない人もいるということを前提に，
人間関係を維持・形成する場面では，すべての人にわかる明確な言葉に
することが求められると思います。それが合理的配慮にもつながるので
す（pp.115 - 116参照）。

第2部　指導を変える15のコツ

期待される行動の仕方は具体的に明確に指示する

　つまり，教員はこれから，暗黙のルール，曖昧な表現，遠回しな表現，相手が察することを前提とした行動など，それらがわからない子どもも一定数いることを前提にしたユニバーサルデザインや，すべての子どもが場に合った適切な行動がとれるための支援の工夫をすることが，ますます必要になってきます。それが，開かれた社会で生きていく人間の育成にもつながっていくと思います。

　暗黙のルール，曖昧な表現，遠回しな表現，相手が察することを前提とした行動などは，事前に，明確な言葉にして，子どもに伝えてあげましょう。

① 「暗黙のルール」の伝え方

　暗黙のルールを伝えるときは，例えば「集合時間は午前9時ですから，その5分前の8時55分までに，○○に集まってください」という具合です。

　さらに，「講堂の座席は自由ですが，前2列は先生方が座られるので，着た順に3列目の左端から順に座っていてください」という具合に，その集団や組織に習慣化されている暗黙のルールも，言葉にして先手で伝えることが求められます。

　暗黙のルールに従う行動を何回か経験しても，理解できない子どももいるため，常に確認してあげることが大事です。

　教員でも暗黙のルールに困った経験，それを明示的に伝えてもらって助かった経験があると思います。異動したばかりの学校で，ほかの教員が「例年通り」で進めている活動の手順がわからなくても，事前に手順をわかりやすい言葉で説明を受けると，落ち着いてその活動に取り組めるものです。

96

No.7　行動の仕方は具体的に明確に指示する

②「曖昧な表現」の伝え方

　曖昧な表現，例えば「お手すきの人」「余裕のある方」「ちょっとやってみようかなと思っている人」などが含まれていると，自分が該当しているかどうかがわからない人がいます。そこで，客観的な基準，例えば「事前に定められた校務に取り組んでいる人以外の人」「終了時間の15分以上前に課題を終わらせた人」「取り組んだ方法とは別の方法でもう一度取り組んでみたい人」などを取り入れて説明します。

③「遠回しな表現」の伝え方

　良い返事ができないときでも，例えば，「せっかく誘ってもらったけど，都合がつかず遊べません。ごめんね」という具合に，「YES」か「NO」かは，明確に伝えることが肝要です。

　例えば，突然遊びに誘われて，ストレートに「NO」を言うのがためらわれたので，「都合がついたらね」と答えてその場をやり過ごしたら，その後もしつこく何回も聞きにこられて困った，という例があります。この場合では，そのような行動をした「空気を読めない人」は，悪気があったわけではなく，ほかにどうしてよいのかわからなかったため，繰り返し聞いたのかもしれず，その行動を相手が「しつこくて嫌だ」と受け取ることがわからなかったのです。

④「相手が察することを前提とした行動」の伝え方

　子どものグループ活動を見ていると，空気を読めないタイプの子どもが，おとなしい子どもに対して，おそらく冗談を言っているつもりで相手の欠点を笑い話にしていることがあります。相手の子どもは苦笑いしながら，「よせよ」くらいにいなして話題を変えようとしているのです

97

第2部　指導を変える15のコツ

が，それが伝わらず，空気を読めないタイプの子どもは，相手が笑って喜んでいる，自分は面白いことを言っていると感じて，しつこく繰り返していることがあります。

　こういう場合は，空気を読めないタイプの子どもの自尊心を傷つけないように，個別にできるだけストレートに，「そういう言い方は，とても傷つくので，やめてくれよ」という具合に，明確に伝えることが肝要です。

　空気を読めない人というのは，自分の言動に対して周りの人たちがあきれてうんざりしている状態になっていても，それ自体に気づかないことが多く，自分がKYな言動をしてしまっていることにまったく気づいていないのです。本人に悪気がないときもあり，心理としては「うまいことを言った」と自分の言動をむしろ高く自己評価している可能性もあるのです。

⑤抽象的な言葉

　空気を読めない人の特性として，目で見ることのできない他者の感情はつかみにくい，抽象的な言葉の意味がわかりにくいといった傾向があります。例えば，「友達と仲良くしよう」と言われても，仲良くとはどうすることかわからないことが少なくありません。

　指示をするときは，具体的な行動の仕方，例えば「友達と会ったら，自分からあいさつしよう」というように示すことが必要です。

　以上のように，行動の仕方を明確に伝えることで，「空気を読めない人」も「人の話を聞かない人」「無遠慮な人」のように見られて否定的評価を受けることが減り，周りの人も不愉快になることが少なくなるのです。

$No.8$

タイムリーな言葉かけで
主体的な行動を支援する

結果のみに注目する指導

　学級集団のルールが，学級集団を管理するための手段と化している教室では，定められた行動がとられたか否かという結果だけが，周囲から注目されます。結果として，定められた行動がとれなかった子どもは，周りの子どもからマイナスの評価を受け，人間関係で孤立し，排斥されることになるのです。そういう教室の中では特別支援を必要とする子どもが，「いつも定められた行動がとれない子ども」として扱われてしまうことがとても多くなります。

　ここで紹介するのは，学級集団のルールが管理の手段となっている学級集団に在籍しており，発達障害に起因して「行動の切り替えが悪い」「作業が遅い」等の特性をもつ，ａ君の例です。

①ａ君は授業や様々な活動で，タイムリミットまでに課題が終わらないことが多く，その度に担任の教員から叱責されていました。

②その状況をいつも見ていた子どもからも，「またａ君が遅れている」「だらだらしてはだめだよ」と注意が飛ぶようになりました。

③その状況は，学級生活のいろいろな場面で繰り返されて，ａ君は周りの子どもからマイナスの評価を受け続けていました。

第2部　指導を変える15のコツ

　そして，ａ君は学級不適応の状態になってしまったのです。

　この事例は，教員の指導がａ君の困難さの支援になっていないどころか，さらに，みんなと同じ行動がとれない子どもが次々と不適応になってしまう可能性をつくってしまっているのですが，実は，このような事例が，従来とても多いのです。

　結果のみに注目させてしまうような教員の対応は，インクルーシブ教育システムの構築をめざすうえでは，改善する必要があります。

プロセスのサポート―先手で期待される行動を促す言葉がけをする―

　向社会的な行動を子どもが自ら獲得できるように，教員は支援していくことが求められます。支援は次の３段階を踏まえて展開します。

---

①獲得させたい向社会的行動を具体的に理解できるように支援する
②スモールステップで①を段階的に達成できるような計画が立てられるように支援する
③②を一段階ずつ達成できるように支援する

　例えば，ａ君は③の段階に苦戦していたと考えられます。その結果，授業や様々な活動で，タイムリミットまでに課題を終わらせることが難しかったのです。

　ａ君のように，子どもが③の段階で苦戦しているケースでは，その子が遅れそうになる前に，最初のうちは時間内にできるように，適切な行動を促してあげましょう。例えば，次のような二つの指針があります。

○なるべくセルフコントロールができるように，求められている行動を予告し，適切な行動をとることを支援する。例えば，その子が遅れそうになる前に，「あと３分で終わりにできるよね」という具合に声かけをする

No.8 タイムリーな言葉かけで主体的な行動を支援する

○その場に合った適切な学習方法を選択できるように支援する。例えば，「残り時間が少なくなったから，ここまででまとめに入りましょう」という具合に声かけをする
○やる気が低下してきた子どもに，動機づけの支援をする。例えば，「あと5分だからがんばろう」という具合に声かけをする。そして，時間通りできたことを，タイムリーにほめる

　最終的に自分でできるようになるのをめざして，時間内にできる経験を積み重ねさせ，徐々に自信をもたせていきましょう。

　このような指導を通して，周りで見ている子どもも，a君の時間内にやり遂げている姿を見て，a君に対してプラスの評価をするようになると思います。そして，このような学級集団の雰囲気が，a君の自分でやろうという意欲をさらに喚起するという，プラスの回転につながっていくのです。

　さらに，がんばっている仲間を応援する風土のある学級集団は，a君だけではなく，すべての子どもの自発性を喚起していきます。この効果は，教員の個別支援に勝るとも劣らぬ効果を発揮します。

認知的徒弟性による指導

　教育目標となる資質・能力を身につけるには，教員から説明された知識を子どもが一つ一つ順序よく記憶していくようなやり方では，不十分です。

　子どもが学習する内容は，いろいろな活動の状況の中に埋め込まれており，子どもに学習させたい内容は，必ずしもすべてが明確になっていません。このような知識を暗黙知といいます。暗黙知とは，「人が言葉にされていない状態でもっている，経験や勘に基づく知識」のことです。

101

第2部　指導を変える15のコツ

　その対概念である「形式知」とは，おもに文章・図表・数式などによって説明や表現ができる知識，言語などのかたちとなって表現されているため，誰にも認識が可能で，客観的に捉えることができる知識です（河村，2017A）。

　資質・能力を獲得するプロセスは，暗黙知を獲得するときと類似しています。

　そして，暗黙知を身につけるには，まず暗黙知に気がつき，次にその状況を自分なりに分析的に理解し，そして体得に向けて着実に取り組んでいくことが必要ですが，「空気の読めない人」（発達障害に起因する状態も含む）は，このようなプロセスで暗黙知を獲得していくことが苦手と考えられます。なぜなら，暗黙知は活動の状況の中に埋め込まれているので，空気が読めなければ，そもそも何を学習すべきか気がつかないことも多いからです。

　そこで，教員には一手間が必要です。例えば，活動の状況に埋め込まれた技術や知識を文脈から取り出して可視化させ，学習者にわかりやすく加工し，学習者の意欲の強さや考えていることを明らかにする（内的過程を外化する）ように働きかけて，暗黙の技術や知識を体得していくような学習をさせる方法があります。ブラウンらが提唱している**認知的徒弟制**による指導方略です。以下に，その展開の骨子を示します。

---

①**モデリング（Modeling）**

　教育者がまず学習者にデモンストレーションを見せる

②**コーチング（Coaching）**

　教育者は学習者に実際にその技能を練習させ，その様子を観察しながらフィードバックをする

③**スキャフォールディング（Scaffolding：足場づくり）**

学習者にさらに様々な作業に挑戦させ，教育者はその作業の難易度に合わせて足場をつくって手助けをする

④フェーディング（Fading）

③のスキャフォールディングの段階の成長に伴って，徐々に支援を減らしていく

⑤アーティキュレーション（Articulation）

学びを確実なものにするため，学習者の技術や思考を言語化するように促す

⑥リフレクション（Reflection）

教育者は，学習者自身の活動内容について振り返りを促す

⑦エクスプロレーション（Exploration）

教育者は，次の課題を自主的に探索するよう学習者に考えさせる

以上の７段階について，子どもが最終的に自分一人でできるようになるまで，継続的な支援を行います。個や実態に応じた細やかな支援が必要となり，どの子にも同じように「言って・聞かせて・やらせる」方法と比べても，かなり高度なものです。

子どもは，教員から直接提示された学習内容だけではなく，学習活動の背景にある学級集団の雰囲気や人間関係からも，たくさんの重要なことを学んでいきます。だからこそ，子どもにとって，所属する学級集団が，「支え合い，学び合い，高め合い」がある状態の学級集団であるかどうかが，大きな影響をもつのです。

自律性支援

学習者に対する以上のような支援のあり方を，自律性支援と言います。自律性支援とは，学習者の視点に立ち，学習者自身の選択や自発性を促

103

第2部　指導を変える15のコツ

しながら，資質・能力を自ら獲得していくように支援していくことです。言うなれば，教員は一方で学習者が積極的に自己管理しやすい環境を創り出しながら，もう一方で，学習者自身の主体的な行動や選択を，微妙にリードするという支援方法です。

つまり，学習者が自己管理しやすい環境として，多様性を包含する学級集団づくりをする一方で，極端に言えば，リーダーシップを発揮するというよりも，学習者の主体的な活動をファシリテーション（促進する）というイメージで，指導行動をとっていくことです。

自律性支援の対極にあるのが，統制行動です。

統制行動は，教育者が学習者に特定の行動をとるように，指導に従わなければペナルティを与えるなどのプレッシャーを与えて，従順な遂行を迫るものです。いわば外発的な動機づけで，教員が与えた課題をさせることです。

大きな傾向として，従来の教員の指導行動はいわば「統制行動」であり，それによって学習者は教員の言われた通りのことができるようになることが期待できましたが，反面，主体的に学ぶ力が育成されにくいものでした。

104

No.9
ポジティブな言葉かけを意図的に増やす〔リフレーミング〕

ポジティブにリフレーミングした言葉かけをする

　子どもに逸脱行動や反社会的な行動が見られる場合，教員の指導行動としては，問題行動の矯正を目的にするのではなく，いわば問題行動の発生をきっかけにして，向社会的な行動の獲得を目的とすることで，子どもの資質・能力の育成につなげることができます。

　この場合，教員は，子どもが主体的に資質・能力を獲得するのを支援することになるため，子どもが自ら取り組んでみたいと思えるような，内発的な動機づけにつながる言葉がけが求められます。いわば，物事をよりポジティブに捉えた言葉がけです。

　このとき参考になるのがリフレーミング（reframing）です。

　リフレーミングとは，ある枠組み（フレーム）で捉えられている物事に対して，その枠組みをかたちづくっている価値観や意味づけを変え，異なる見方で捉え直すことです。物事の事実は変わらなくとも，本人の捉え方や意味づけが変われば，それまでと違った見方をすることができ，さらには自分の気分や感情を変えることもできるのです。

　例えば，入試などで失敗したときに，その経験から「自分はダメな人間だ」と捉え，以後チャレンジすることを諦めてしまう人は多いでしょう。しかし，そのようなときこそリフレーミングを用いて苦い経験を

105

第2部　指導を変える15のコツ

「次の挑戦のための貴重な経験をした」と捉えるのです。その結果，入試の失敗の悔しさをバネに，失敗の要因を冷静に分析することができ，次にチャレンジする意欲が高まっていくのです。

リフレーミングの例

　大学教員である筆者自身が，就職活動で苦労している学生からよく受ける相談は，「エントリーシートを書いていて，自分には長所がなくて情けなくなりました」というものです。筆者から見ると長所がないというようには見えませんが，この学生は自分自身をネガティブな方向だけから見て，結果として，自ら意欲を低下させてしまっているのです。

　このようなときこそ，あえてポジティブな方向から見ることが必要です。どのように捉えることができるでしょうか。リフレーミングを活用してみましょう。

　よく例えられるのが，ボトルにお酒が半分入っている状態に対して，「もう半分もなくなってしまった」と捉える人がいれば，「まだ半分も残っている」と捉える人もいるということです。現象が同じでも捉え方がポジティブかネガティブかによって，その人のメンタルヘルスの状態は違ってきます。

　つまり，現象が同じなら，ポジティブに捉えるほうが，その後のモチベーションも高く維持されるので有利です。このことを教員が意識して，ポジティブにリフレーミングして物事を捉えるようにして子どもとかかわることは，ゆるやかな勇気づけ，励ましにつながります。

　以下に，リフレーミングの例を示します。

・消極的である　　⟶　　慎重である

・飽きっぽい　　⟶　　気持ちの切りかえが早い

106

No.9　ポジティブな言葉かけを意図的に増やす〔リフレーミング〕

- こだわりが強い　⟶　信念をもっている
- 空気が読めない　⟶　何事もマイペースに取り組める
- 主体性がない　⟶　融和性が高い
- 選択ができない　⟶　多面的に物事を考えられる
- 意地っ張り　⟶　意志が強い
- 変わった子　⟶　常識にとらわれない子
- みんなと同じにできない子　⟶　ユニークな考えをもっている子
- 自分勝手な子　⟶　面白い視点が見出せる子

問題があってもやっていけるように方向づける

　以上のような取組みの根底に流れている考え方は，学級集団に問題が発生しないように，多くの制限・ルールを設定して，教員として子どもを管理しようとするものではありません。

　うまい教員は，子ども個々の特性は変わらないと捉え，そのうえで，誰もが適応良く生活・行動できるようにする，もし誰かの行動に問題があってもやっていけるようにするためには，教員はどうすればよいか，ということをめざしているのです。

　また，学級集団づくりも，学級集団の中にまったく問題のない状態をめざすというより，問題があってもカバーしてやっていける，みんなで話し合って解決することができる状態をめざしており，子ども個々には，そのための行動の仕方を身につけさせることをめざしているのです。

　その第一歩が，子どもが問題をリフレーミングしてポジティブに捉え直し，次の前向きな行動を生み出していけるように方向づけるという，教員の指導行動です。

107

第2部　指導を変える15のコツ

No. 10

子ども個々の自己効力感を確実に高める

すべての子どもへの動機づけ

　従来の学校現場には，「子どもがまじめに学習に取り組むのは当たり前で，それができない子どもには問題がある」という意識があり，そのため，取り組まない子ども，意欲的に活動していない子どもに対しては，教員が厳しく注意をすることが多くありましたが，そこにはパラダイム転換が求められます。

　これからの教育では，子どもが主体的に学習に取り組めるように展開していくことが前提条件であり，「やる気はないが，教員に叱られたくないので静かに着席している」という状態の子どもをスルーしてはダメなのです。そもそも子ども自身に学ぶ意欲がなければ，どんな良い教材や課題を用意しても効果がありません。

　学習内容に興味がもてない子どもや教員から言われたから仕方なく取り組むしかないと思っている子どもなども含む学級集団の全員が，学ぶ内容に興味をもつなどの内発的な動機づけが高まるようにしていくことが，教員にとってこれからますます目標となります。

　単調でワンパターンな授業の構成と展開では，子どもの学習意欲は低下して当然です。子ども個々の特性を踏まえて，どのように学級集団の全員を動機づけしていくのかが，とても重要なポイントです。

108

自己効力感が大事である

　子どもが主体的に活動や学習に取り組む第一歩は，自己効力感（self-efficacy）をもっていることです。自己効力感とは，ある結果を生み出すための適切な行動が遂行できるという確信の程度です。自己効力感は人間が行動を引き起こす際の中核的な要因と考えられており，人間が事を為そうというときは，高い自己効力感をもって取り組めるかどうかということが大事になります（Bandura，1986）。

　自己効力感を常に高くもてる人は，目の前の課題や対象に対し，「やれそうだ」「できそうだ」と考えるため，積極的かつポジティブな気持ちで行動し，良い結果につながる可能性が高まります。

　逆に，自己効力感がいつも低くなってしまう人は，「自分はきっとうまくできない」「以前やってもできなかったから，今回もどうせ無理だ」と考えがちで，やる気も起きずに行動をためらいがちになります。また，こういう気持ちで取り組むので良い結果も生まれにくくなります。

　したがって，自己効力感が高まるように支援していくことが大事なのです。

自己効力感を高める支援

　子どもの自己効力感を高める方法として，学校現場で活用可能なものとして，次の三つがあります。

①達成体験

　何かに取り組んで自分自身で成功した，達成したという体験が，最も自己効力感を定着させることが指摘されています。

　従来は，子どもが「できていないこと」「足りていないこと」を指摘

第2部　指導を変える15のコツ

して，その矯正に取り組ませるようなスタイルが多いのですが，これからの教員には，すべての子どもに自分ができていること・やれていることに注目させて，それらを自ら伸ばしていこうとすることを通して，さらに自己効力感も高めるように支援していくことが求められています。

　ここで教員が苦戦しがちなのは，学級集団には，自分で自己効力感を高めながら活動することを苦手とする子どももいる中で，どのように支援を進めていけばよいか，ということではないでしょうか。

　そこで，次のような目安が取り組みやすいでしょう。

○個別支援を必要とする子どもも参加しやすい活動から取り組ませる

○個別支援を必要とする子どもが得意な活動から取り組ませる（視覚記憶
　が強い子どものために，集団間違い探しの学習ゲームなどをやる，等）

　学級集団の中にプラスのスパイラルが発生していくようになることをめざして，「自己効力感を高める→動機づけ→行動→結果→自己効力感が高まる」という流れで，すべての子が小さな成功を繰り返して自己効力感が高まるように支援していきます。

②代理経験

　自分以外の他者が取り組んで達成しているプロセスを観察することによって，「自分でもできそうだ」と感じさせることで，自己効力感を高め，主体的な行動をできるようにしていきます。

　このような学習をモデリング（modeling）といいます。

　モデリングは，観察者が，一つかそれ以上のモデルから，思考，信念，行動を示された後で，観察者自身の思考，信念，行動を形成する過程です。教員や仲間などのモデルを観察することによる認知，感情，行動の変化ともいえます（Bandura, 1977）。

No.10　子ども個々の自己効力感を確実に高める

　ただし，教室に熟達者（モデル）がいるだけの状態や漠然とモデルを見ているだけでは，適切なモデリングはできません。教員は，子どもが適切なモデリングができるように，熟達者の方法や技術などの構成要素を整理して，子ども個々が適切なモデリングができるように支援することが必要です。

　モデリングによる観察学習は，「注意」「保持」「産出」「動機づけ」の四つの過程から成り，教員は各段階で支援することが求められます。順に説明します。

1）「注意」段階の支援

　そもそもモデリングは，観察者が対象となるモデルに注意を向けないと生じません。そこで教員は，「誰」の「どのような行動」に注目すればいいのか，子ども個々を誘導していきましょう。例えば，「あれ〜，Ａ君のノートのまとめ方，わかりやすいね」「ちょっと，みんな見てみて」と，教員が子どもたちの注意を喚起して誘導するのは，よくある例であり，効果的です。

2）「保持」段階の支援

　観察したモデルに関する情報を，子どもの記憶に貯蔵できるように支援していきましょう。例えば，「Ａ君，ノートの整理の仕方で工夫していることを教えて」と尋ねて，Ａ君の話を子どもたちに聞かせるだけではなく，記憶しやすいように明確化します。例えば，こんな具合です。

> 「ポイントは，次の４点ですね」
> ・後から見て思い出しやすいように，書いた日付を書いておく
> ・大事な点は赤，間違えたところは青，などマーカーの色を決めて線を引く
> ・間違えた箇所も消さないで残して置き，その横に正しい解き方と，

111

第2部　指導を変える15のコツ

> なぜ間違えたのかの理由を書いておく
> ・先生が黒板には書かなかったけど，大事だと思った話は，吹き出しマークに入れて，ノートに記録しておく

　以上の4点について，なぜ良いのか理由をわかりやすく説明し，その後，「日付を書く」「決めた色のマーカーをぬる」「間違えたところを消さない」「先生の大事な話も記録する」と，子どもが記憶しやすいようにワンフレーズにしてあげるのです。さらに，その4点について，暗唱させてもよいでしょう。

3）「産出」段階の支援

　観察したモデルの行動を，子ども自身の行動に移させましょう。

　例えば，次の授業時に，「A君のノートのまとめ方を参考に，ノートを整理してみましょう」とノートの使い方について，時間をとって子どもが確実にできるように教え，確認してあげることが求められます。

　その際，モデルのA君がやってみせた表面的行動だけではなく，その背景にある学習態度も，実際の行動できるように支援することが必要です。

　例えば，「先生が黒板には書かなかったけど，大事だと思った話は，吹き出しマークに入れて，ノートに記録しておく」というのは，「A君は，授業中は常に集中して，大事なことは聞き漏らさないようにと，取り組んでいるのだね」という具合に，子どもにA君の行動の背景にある姿勢・態度も含めて，モデリングさせるようにします。

4）「動機づけ」段階の支援

　観察した行動を実行するための，動機づけをしていきましょう。

　「モデルの子どもが学習できる（行動できる）のだから，自分も同じようにできる」と思えるように，個々の子どもを支援することが必要な

No.10 子ども個々の自己効力感を確実に高める

のです。

　ポイントは，「Ａ君がすごい」という人格を称揚するような認め方をするのではなく，「Ａ君の〇〇という行動がすごい」という具合に，誰でもやればできる行動に焦点を当てた認め方をしていくことです。

　つまり，取り組む内容についての意義を十分納得させること，適切な方法論を理解させ，できそうだという見通しを，子ども自身がもてるようにすることです。

③言語的説得

　自己効力感は，やり遂げる能力があることや，達成の可能性があることを他者から言語で繰り返し説得されることで高まります。

　そのためには，いわゆる「勇気づけ」「励まし」というものが必要です。説得しようとする他者が，その子どもが信頼する人なら，効果はより高まります。例えば次のような展開です。

　p.109の①で取り上げたような「個別支援を必要とする子どもが得意な活動」をするのに加えて，さらに「振り返り活動の中に，友達から評価される場面を設定する」を足します。

　周りの子どもから喜ばれる（肯定的な評価を受ける）ことで，最初から人のためにがんばろうとしていたわけではなくても，次第にグループ活動に参画する意欲が高まっていきます。このような体験学習を積み重ねさせることで，集団適応を高めたり対人関係の知識や対応スキルを育成したりすることができるのです。

　最後に，自分で自分に言い聞かせるのも有効です。スポーツ選手がよく行うメンタルトレーニングです。「私ならできる！」と毎朝習慣的に唱えて，自己暗示をかけていくことで，自己効力感を高めていきます。

113

第2部　指導を変える15のコツ

自己効力感を高める支援のポイント

　自己効力感は，日常の小さな行為から人生をかけた大きな挑戦まで，物事に対するその人間の取り組む姿勢を規定していきます。

　注目すべき点は，「自己効力感がある」状態とはある意味，「できる自信がある」と本人が思い込んでいるということです。実際に「勉強や仕事ができるかどうか」や「人とうまくやっていけているかどうか」は関係ありません。逆に，成果があげられていない人の多くは，「根拠のない不安」をもっている場合が多いのです。

　根拠のない自信だけをもっていても何の努力もしなければ成果にはつながりませんが，「きっとできる」という自信をもとに努力を積み重ねていけば，大きな成果につながる可能性が高まっていくと思います。

No.11

最初から多様な学習方法を
提示し自己選択させる

観念の社会的障壁を生じさせない

　障害がある者にとって日常生活または社会生活を営むうえで，障壁となるような社会における事物，制度，慣行，観念その他一切のものを，「社会的障壁」といいます。学級集団では，発達障害のある子どもにとって，観念の社会的障壁が生じている場合が多くあります。例えば，障害特性による状態像が，周りの子どもには「やる気がない」「わがまま」「人の話を聞かない」のように見える場合があり，否定的評価につながってしまうことがあります。それが観念（偏見）を形成してしまうのです。

　障害のある子どもに対する観念が，一度教室に定着してしまうと，それを払拭するにはかなりの労力と時間がかかってしまいます。その間に，障害のある子どもはいじめや差別を受ける可能性が高くなり，二次障害を発生し，学級不適応になってしまう例がとても多いのです。ちなみに，二次障害とは，障害からくる困難さのために周囲から不適切な対応を受けることが積み重なるなどして従来もっていた障害とは別の障害が生じてしまうことを言います。

　したがって，学級担任には，障害のある子どもに対する観念が発生しないような，多様性を包含する学級集団づくりをしていくことが求められるのです。しかし，ここに難しさがあります。

115

第2部　指導を変える15のコツ

学級担任の教育観による影響

多様性を包含する学級集団づくりを妨げるのは，学級担任の「みんな同じ」を良しとする教育観です。それは「こうあらねばならない」という教員の閉鎖的な価値観や子どもを捉える狭い枠組みを伴います。そして，このような価値観をもつ教員は，学級集団の子どもに同一行動をすること，ワンパターンの行動をすることなどを強いる傾向があります。

このタイプの教員は，みんなと同じ行動をとれない子どもの状態を問題状況として捉え（教員はこのような子どもの存在に困っている），みんなと同じ行動がとれるように，熱心に指導を繰り返します。まじめな教員に多い傾向があります。

このような光景は，2005年頃までは多くの教室でふつうに見られ，インクルーシブ教育システムの構築へと，障害児教育のあり方が変化してきた中で変化してきていますが，未だ上記のような指導を行う教員もいます。それは，教員自身の実感や信念がついていけていないといったケースもあるのだと思います。

教員が「みんな同じ」を求めれば求めるほど，学級集団では子ども同士の小さな差異が目立ってきます。その結果，そういう教員が担任する学級集団は，「みんな同じを良し」とする同調圧力の強い学級風土が形成されやすくなります。そして，同一行動がとれない子ども，みんなと違う行動をする子どもは，周りの子どもから受け入れられず，排除されるようになるのです。

特別視がもたらす居心地の悪さ

障害のある子どもをはじめとして，行動の内容や，能力のレベルで，ほかの子どもと同じように行動できない子どもは，学級集団の中に一定

116

数存在します。そういう子どもの学級集団での様子（周りの子どもとの関係性）として，次の3タイプがあります。

①孤立している，排斥されている

②ネガティブなことはされていないが，特別視されている

③自然に周りに溶け込んでいる

①は，「みんな同じを良し」とする同調圧力の強い学級集団でよく見られる状態です。

いっぽう，多くの学級集団で見られるのは，②の状態ではないでしょうか。「インクルーシブ教育」が多くの教員に認知されるなどして，その方針に沿って広く取り組まれた結果だと思います。苦戦している子どもも，周りの子どもからネガティブな対応はされていませんし，周りの子どもからサポートを受けている場合も少なくありません。

しかし，②の状態にある特別支援を必要とする子どもの学級生活の満足度は，ほかの子どもよりも有意に低いことが指摘されています（河村，2005）。しっかりとみんなからサポートを受けているのに，何故なのでしょうか。それは，②の状態が見られる学級集団では，「ふつう」と言われるやり方が確立しており，その「ふつう」に苦戦していることに対して，周囲の子どもからも支援が提供されているのです。つまり，苦戦している子どもへの支援が，「特別」なこととして目立っているのです。このように常に特別視されるような状況は，支援を受けているからといって，必ずしも心地の良いものではありません。

そして，③の状態にある特別支援を必要とする子どもの学級生活の満足度は，同じ学級集団に在籍しているほかの子どもと比べて差が小さい（特別に低いということがない）のです。

さて，②と③の違いはどこから生じてくるのでしょうか。

第2部　指導を変える15のコツ

優しさは相手に気づかれないのが最上

　「優しさは，相手に気づかれないのが最上」とよく言われますが，これは人間の心理ではないでしょうか。つまり，優しさなどのサポートを受けることは，ありがたいと同時にどこか申し訳ないという心苦しさが伴うものです。したがって，優しさなどのサポートをする場合は，さりげなく行うほうがよいのだと思います。

　そして，優しさの押し付けは，かえって，相手に嫌な思いをさせてしまうことも少なくありません。同じことが，通常学級での特別支援教育の推進における心構えとしても必要なのではないでしょうか。ことさら学級で特別支援教育を推進していることを目立たせるよりも，さりげなく確実に展開していく工夫が，切に求められると思います。

最初から多様な学習方法を提示し自己選択させる

　③（p.117）の状態が見られる，特別支援を必要とする子どもが自然と周りに溶け込んでいる学級集団では，学級担任の指導に工夫がありました。

　戒められていたのは，「特別」を目立たせない工夫をとることです。それは，子どもたちに対して，「ふつう」といわれる方法で指導し，それができない子ども，当てはまらない子どもに対して，「特別」なやり方・メニューを提供する，という展開ではありません。

　そうではなくて，学級集団のすべての子どもに，最初から複数の多様な学習方法や活動方法を提示し，その後，「子ども個々が，自己選択・自己決定することは当たり前」という風土をつくります。こうすることで，「みんな同じ」という圧力も生まれにくくなります。いわゆる「特別支援」も選択肢の一つですから，誰もが気軽に選択しやすくなりますし，それを見た周りの子どもも，それを「特別」と感じなくなります。

118

No.11 最初から多様な学習方法を提示し自己選択させる

　つまり，障害のある子どもの観念の社会的障壁が形成されないように，学級集団づくりをする第一歩は，活動する目的は同じでも，それに向けて取り組む方法に最初から多様性をもたせておくことが必要なのです。

　整理すると，教員には，次の3点を学級集団で習慣的に展開することが期待されます。

---

①活動・学習目標として，求める姿や行動のあり方は明確に示す

②①に向かう取り組み方を個に応じて多様にするために，一定数の選択肢を示す（障害の特性を補う方法を必ず入れておく）

③子どもに選択する意義・考え方をしっかり理解させて，示された選択肢から方法を選ばせて行動させる

　そして，以上3点を展開する際は，次の点もあわせて押さえておくことが必要です。

　②の指導において，単に「自由にやってごらん」という対応は，逆に子どもを混乱させます。そのような自由度を活かせるのは，かなりセルフコントロールができるようになっている個人および集団だけです。

　よって，子どもが取り組む方法を個に応じて多様にする対応とは，子どもに選択肢を与えて自己選択させることを基本とします。学級担任が対応できる範囲は物理的に限られる中で子どもの自己選択を支えるには，教員の授業を構成する力量が問われます。

　さらに，③の指導について，子どもに選択する意義や考え方をしっかり理解させる学習も確実にさせなければ意味がありません。自分の力をより伸ばすための方法論として，何を，どのように選択すればよいか，意識と力量を子ども自身に確立させることが大事です。つまり，自分に合った自分の力を身につける方法を，きちんと選べる子どもの育成をめざすのです。

119

第2部　指導を変える15のコツ

No. **12**

未熟なソーシャルスキルを 見定め，支援する

特別支援教育黎明期の素晴らしい支援

　特別支援教育の夜明けにあたる平成初期の時期には，特別支援という概念はまだ学校現場に定着していませんでした。しかし，特別支援を必要とする子どもは当時から存在していましたし，優れた教員はそのような子どもの困り感に対応していました。当時の教育相談を担当していた教員は，現在だと「特別支援教育のニーズがある」と言われる子どもも含めて，教育相談的な対応をしていたのです。

　当時の支援の構造について，順を追って説明します。

　まず，教室で苦戦している子どもの背景となる要因は実に様々ですが，代表的なものは以下の通りです（河村，2017B）。

①いままでの生育暦の中で，その能力が十分に育成されていない

②情緒的な問題を抱え，行動できない

③家庭の問題などの物理的問題を抱え，不具合が生まれている

④能力に器質的な問題を抱え，うまく行動できない

　次に，以上の問題に軽重はなく，学級担任にとって，①〜④のどの問題も対応すべき大事な問題であり，当時の優れた教員も，①〜③の問題が絡んでいる子どもの支援と，その対応を内包した学級経営に注力して

No.12 未熟なソーシャルスキルを見定め，支援する

いました。

　ただし，発達障害についての知識が学校現場に定着していなかった当時でも，④の問題をもつ子どもは存在していました。

　つまり，当時から，教育相談の熟練した力量を有する教員は，①〜③のケースと④のケースが弁別できていなかったとしても，かつ，④の知識が不十分だったとしても，子どもの困り感を目安として，それなりの対応ができていました。

　そこには，インクルーシブ教育を実現するためのヒントがあると思います。

未熟なソーシャルスキルを見定め，支援する

　特別支援教育の制度が開始して以降，教員は発達障害に関する研修を深めてきました。特別支援教育のあり方を理解し，発達障害の代表的な症例も周知されてきました。

　しかし，目の前の子どもの障害名がわかることと，その子どもへの適切な支援ができることとは，必ずしもイコールではありません。

　大事なことは，その子どもの困り感がどのようなものかを理解したうえで，さらに学級集団の状態を踏まえて，主体的・対話的に学べるように適切な支援ができることです。発達障害の診断名，代表的な障害に関する知識を教員が学ぶことは大切ですが，子どもが複数の障害をもつ場合も多く，教員が障害名のみを頼りとして対応することには限界があります。

先達に学びたい点

　当時の教育相談の熟練した力量を有する教員から学びたいのは，学校生活で苦戦している個々の子どもが，どのような困り感をもっているの

121

第2部　指導を変える15のコツ

かを理解し，その支援をしていた点です。

　さらに，「ほかができていてもそこだけできない」という，目の前の子どもの状態を理解しようとしたことです。つまり，「その子どもはどんなソーシャルスキルができないか」を見極め，できない部分を具体的に支援していた点です。

　できていない行動を無理に矯正しようとするのではなく，学級集団での様々なリソースを用いながら，級友とそれなりにやっていけることをめざした支援をすること，いわば，マッチベターをめざす取組みが必要なのです。

学校は改善努力の場

　最後に，最も大事な点は，すべての子どもは，人それぞれに特有のクセをもっており，その部分を個々に自分なりに改善していくことに努めることが大切である，学校はそのための努力をする場であるということを，学級集団のすべての子どもに理解させることです。

　そして，その理解は，苦戦している子どもに対して，教員が個別対応をすることに不平をもつ周りの子どもには，特に必要です。

　さらに，不平をもつ周りの子どもにも，それぞれの自分のクセを理解させてそれを克服するように努力すること，不平を感じる相手の子どももクセがありそれを克服しようと努力していること，その両方を教員はサポートしたいと思っていることなどを，十分に実感させることが求められます。

122

No.13

マイナスの相互作用の発生を予防する

相互作用の重要性

　望ましい教育成果が上がるように対応できる教員と，特別支援を必要とする子どもへの個別対応がうまくいかないばかりか，学級集団全体も不安定な状態に至らしめてしまう教員との決定的な差異は，学級集団の子どもの人間関係の力動を，うまく活用することができているか・できいないかだと思います。違う言い方をすると，指導行動の発揮が，学級集団の子ども同士の相互作用をプラスに働かせるようになっているのが，能力の高い教員です。

　苦戦しがちな教員の多くは，指導行動の発揮によってかえって学級集団の子ども同士の相互作用がマイナスに働いてしまい，指導効果が上がらないどころかマイナスの結果に陥ります。

　その要因は，教員が，学級集団の子ども同士の相互作用の状態を理解できていないことであり，その背景に，学級集団の状態を適切に把握できていないという状況があります。

マイナスの相互作用の発生を予防する働きかけをする

　教員の指導行動と，学級集団の子ども同士の相互作用の関係は，次の通りです。

第2部　指導を変える15のコツ

教員の対応（指導行動）

↓

学級集団内の子ども同士の相互作用

↓

対応の成果（建設的 or 非建設的）

　うまい教員は，学級集団の不適切な相互作用（トラブル・孤立・誤解・差別など）の発生を予想し，常に先手で，それを予防する働きかけを行っています。

　いっぽうで，教員の中には，「本に書いてあった模範的な指導行動をとったのだから，本来ならば良い結果になったはずだ」「にもかかわらずネガティブな結果になったのは，その子どもが悪いのだ」というような捉え方をする人もいます。しかし，それは認識が甘いのです。このような教員は，経験年数の少ない教員に多く，まさに学級集団の状態を適切に把握できず，学級集団の子ども同士の相互作用の状態が読めていないのです。

学級集団の状態によって教員の指導行動は異なる

　同じ指導行動をしたとしても，その成果は学級集団の状態によって大きく異なるのです。左図に当てはめると次のようになります。

例1：荒れた学級集団の事例

教員の対応

・授業の中で，学習障害のあるA君に対して，学習障害の支援になると本で紹介されていたアイテムの使用や個別の働きかけを行った

↓

124

No.13　マイナスの相互作用の発生を予防する

学級集団の子ども同士の相互作用

・学級集団の規範意識が低く，友達との肯定的なかかわりをもつことが難しい状態（他者が特別な支援を受けるのを，理解できない・受容できない状態である）

↓

対応の成果

・「そんなの使ってて，おかしい」というような批判的な発言や，「そんなこともわからないの」というようなバカにした発言が，学級集団のほかの子どもから噴出した

・A君は以前よりも不適応感を強め，学習も阻害されてしまった

　つまり，例1は，A君の障害に対してよかれと思って採用した支援が，周りの子どもたちから理解されず，結果として，A君をよりつらい立場に追い込んでしまったのです。

　このような支援をする場合は，事前に，その個別の支援が周りの子どもたちが受け入れられるような世論，学級風土を形成しておくことが求められるのです。

例2-1：不安定な状態の学級集団

教員の対応

・聞き取りが困難な子（カクテルパーティー効果の弱い子，被転導性があり傾聴が難しい子等）に，メモを渡したり個別に伝えたりした

↓

学級集団の子ども同士の相互作用

・学級集団の規範意識が低く，おしゃべりが絶えない騒々しい状態

↓

125

第2部　指導を変える15のコツ

> 対応の成果
>
> ・聞き取りが困難な子は教員からの支援を生かして学習に取り組め，それ
> に対する周囲の子どもからの反発も起こらなかった（合理的配慮として
> 成立した）

> ### 例2-2：親和的で安定した学級集団
>
> 教員の対応
>
> ・聞き取りが困難な子（カクテルパーティー効果の弱い子，被転導性があ
> り傾聴が難しい子等）に，メモを渡したり個別に伝えたりした
>
> ↓
>
> 学級集団の子ども同士の相互作用
>
> ・規範意識が高く，整然と集中して学習活動が展開されている状態
>
> ↓
>
> 対応の成果
>
> ・もともと教室内の雑音は少なく，特別な支援がなくてもやっていける状
> 態だったので，教員がとった特別支援の対応そのものの効果は少なかった

　子どもの困難さを理解するための関数は，「障害の程度＊社会環境」
です。例2-2は，子どもは障害がありましたが，社会環境がとても良
好だったので，もともと困り感が少なく，現状では特別な支援を，まだ
必要とはしていなかったのです。

> ### 例3：荒れた学級集団の事例（河村ら，2016）
>
> 教員の対応
>
> ・特別支援を必要とする子どもが「いじめられた」と教員に訴えてきたの
> で，加害者を叱り，被害者に謝らせる対応をした

No.13 マイナスの相互作用の発生を予防する

> ↓
>
> 学級集団の子ども同士の相互作用
>
> ・規範意識が低く，グループ対立やトラブルが絶えない騒々しい状態
>
> ↓
>
> 対応の成果
>
> ・加害者の子どもは「教員に密告した」と捉え，訴えた被害者の子どもへ
> のいじめをエスカレートさせ，被害者の子どもは不適応状態になってし
> まった
>
> ↓↑
>
> ・上記のプロセスを見ていた周りの子どもは，その教員の対応に期待しな
> くなり，誰も相談しなくなった

　例3は，まさに学級集団内に問題を表面化させないために，管理のた
めのルールを設定し，教員はそのルールに違反した子どもを叱責すると
いう対応をする，従来のパターンです。かたちだけ整えようとしても，
その内実は空しいもので，子どもたちはこのような教員を信頼しなくな
り，学級集団にも帰属意識が生まれません。子どもたちは欲求不満を高
め，非建設的な相互作用が教室内に頻発します。

相互作用の状態を見極め，育てる

　以上の例を見てもわかるように，教員は，学級集団の子ども同士の相
互作用を含めた状況を勘案して，学級集団の中の社会的障壁をなくすよ
うな対応（社会的障壁を生じさせないような対応）をしなければならな
いのです。

　さらに，教員の指導行動は，子ども同士の建設的な相互作用が生起す
るように，働きかけなければならないのです。

127

column
集団圧力による不適切な指導行動

小学校2年のケース

　以前,「特別支援の必要な子どもが周りの子どもに排斥され,不登校になってしまった」という小学校2年の学級集団のケースがありました。Q-Uを用いた事例検討会をもつこととなり,参加者で事前にその学級集団の観察を1時間行ったうえで,詳しい検討に移りました。

1学期の状態

　この学級集団には,ADHD(注意欠陥多動性障害)が疑われるA君と,ASD(自閉スペクトラム症)が疑われるB君が在籍しています。1学期のQ-U「学級満足度尺度」のプロットは,「かたさの見られる学級集団」で,実際に,子ども個々が,学級集団の中できびきびと活動しているような状態でした。

　この学級集団は40代の教員が担任しており,学級担任は学級集団づくりがうまくいっているという自負をもっているようでした。しかし客観的に見ると,たしかに教員の叱責は少ないのですが,学級集団に厳格な規律が確立されており,子ども同士でルールの遵守を呼びかけ合うようにしつけられ,教員の指示通りに子どもが動いている学級集団でした。

　別の見方をすれば,「みんな同じを良し」とする同調圧力の強い学級風土が形成されていました。

　スクールカウンセラーは心配になり,特別支援を必要とする子どもへの対応と,学級集団づくりの対応に対して,全体的な管理だけではなく,個別支援の導入のアドバイスをしたらしいのですが,学級担任はスクールカウンセラーのアドバイスを聞き流していたそうです。

128

column　集団圧力による不適切な指導行動

２学期の状態

　運動会や遠足が続いた２学期の後半から，相次いでＡ君とＢ君が不登校になり，かつ，不満足群にプロットされた子どもが３割になり，Q-U「学級満足度尺度」のプロットは，「不安定な学級集団」になっていました。

　２学期の後半になると学級担任自身も不安になり，スクールカウンセラーに相談したそうです。

子どもたちの人間関係の現状と課題

　この教員は，ルール通りに行動できていない，Ａ君とＢ君に対して，

　「Ａ君があんなことしてるよ，みんなあれでいいんだっけ？」

　「Ｂ君はまた着席できていないよ，どうしたのかな？」

と，周りの子どもに問うようにしながら，注目させていました。

　その結果，行動できていない子ども（Ａ君とＢ君）に対して，周りの子どもから一斉に非難の声が上がり，Ａ君とＢ君はおどおどと行動を修正していくのです。

　そして，このような注意の仕方は，他の子どもたちにも模倣されていました。

　まさに，学級集団の同調圧力によって「みんな同じ」の行動になるように方向づけられた状態でした。

　結果として，障害のある子どもへの偏見（観念の社会的障壁）などが学級集団に生起し，Ａ君とＢ君の２人は周りの子どもに排斥されてしまったのです。そして，みんなと同じ行動をとれない子どもも，同様の状態になっていったのです。

129

第2部　指導を変える15のコツ

No. 14

アドボカシー的対応をする

水面下での関係性支援

　これからの学校では，「多様な人々との人間関係形成の場」となる学級集団づくりが，より求められます。学級集団のみんなの情緒が安定し，相互に受容性・愛他性が高まり，学級生活を意欲的に送ろうという意識が高まっているような学級集団でこそ，特別支援対象児も非対象児も共に育っていくからです。つまり，通常学級での特別支援教育の推進には，教室の物理的な環境づくり以上に，親和的で建設的な人間関係づくりのほうが重要なのです。

　ところが，近年の学校現場では，教室の子どもたちの人間関係は非建設的になりやすいことが指摘されています（p.24参照）。その背景には，子どもの対人関係を営む体験が減少し，子どもの対人関係形成能力が低下していることが考えられます。したがって，教室での人間関係づくりを子どもの自由だけに委ねるわけにはいかず，教員は子どもに対して，開発的支援を計画的に行っていくことが必要です。

　開発的支援は，子どもの対人関係を計画的に設定して展開されます。その開発的支援の成果を左右するのが，開発的支援の中で生じる子ども同士の人間関係の相互作用を教員が適切に支援して，子ども一人一人の体験的学びに結びつけることができるかどうかです。多様性を包含した

130

No.14 アドボカシー的対応をする

学級集団づくりを適切に推進できる教員は，この点への対応が巧みです。
　うまい教員の対応の一つがアドボカシー的な対応です。

アドボカシー的対応で建設的な相互作用へ

　2人の人間がギクシャクしている場合，第三者が割って入り，単純に
どちらが正しくてどちらが悪いと裁くのは，稚拙な対応です。人間関係
の軋轢は基本的にそんな単純なものではないですし，第三者が，その場
で白黒をつけただけでは，その後の2人の建設的な人間関係の構築につ
ながるわけでもありません。

　このような場合，仲裁者には，「両者の間の相互作用が非建設的にな
っている」と考え，その状況が建設的になるように，調整していく対応
が求められるのです。

　非建設な相互作用を調整する方法として，医療や福祉の現場で活用さ
れている，アドボカシー（advocacy：権利擁護）の応用があります。
アドボカシーとは，自分の意思をうまく伝えることのできない人に代わ
って，相手や周りの人に，その人の意思や権利を伝える支援です。アド
ボカシーを行う人を，アドボケートと呼びます。

　つまり，教員がアドボケートになり，トラブルに陥っている当事者た
ちにアドボカシー的対応を行い，情報を伝えたり，感情を代弁したり，
適切な行動を教えたりして，相互の誤解を解き，より理解し合ってより
適切な行動がとれるようにして，両者の相互作用が建設的になるように
調整することが求められるのです。

　教員は，このようなアドボカシー的対応を，学級集団の中で特別支援
を必要としている子どもを中心に行うことが求められます。

　例えば，次ページ（p.132）のような具合です（○が特別支援を必要
としている子どもへの対応，□が周りの子どもへの対応です）。

131

第2部　指導を変える15のコツ

- いま取った行動を，周りの人はどのように感じるかを伝え，このような
  場面では，どのように行動すると，相手やみんなは納得しやすいか伝え
  る［○］
- 自分の思いを伝える反社会的な行動に代わる，向社会的な行動の仕方を
  教える［○］
- 相手の思いや行動の背景にある感情を，わかりやすいように伝える［□］
- 口には出していないが，相手がもっている願い，どのようにしてもらい
  たいかを，わかりやすいように伝える［□］
- 言葉足らずの言い方を補足するようにして，わかりやすいように伝える
  ［□］

さらに，次のような活用もあります。

- 不十分でも自分の思いを表明した本人に，その行動のプラス面を伝えて
  励まし相手にもその行動の意味を伝える［○，□］
- グループの中で，相互作用を建設的にしようとした子どもの発言や行動
  の素晴らしさを，周りに伝える［□］
- どうしても折り合えない場合は，どのようにしてその場を収めるのか，
  今後はどうすればトラブルを回避できるのかを教える［○，□］

教員によるアドボカシー的対応の展開

　多様性を包含する学級集団づくりを推進できる教員は，学級集団の子
ども同士の相互作用を，子どもたち自身で建設的にしていけるように支
援しています。具体的には，教員が行うアドボカシー的対応を，次のよ
うに展開していきます。

No.14 アドボカシー的対応をする

①通常学級での特別支援教育を推進するために，アドボカシー的対応を特別支援が必要な子どもだけにするのではなく，その子どもを手始めに，すべての子どものために行っていく
②教員が行っているアドボカシー的対応を子ども個々にモデリングさせ，子ども同士でもできるようにしていく
③学級集団で子どものアドボカシー的対応に基づく行動を，価値づけていく

という展開です。

　①～③の働きかけが積み重なり，アドボカシー的対応をしている教員の学級集団では，子ども個々もアドボカシー的対応に基づく行動を，徐々に取れるようになっていきます。

　それとともに，学級集団の子ども個々の受容性や愛他性も高まっていき，それが自発的な行動につながり，学級集団全体に定着していくのです。

　このような学級集団の状態が，特別支援を必要としている子どもが溶け込んでおり，教員が特別支援をしているという状況も目立っていないという状態が，自然と学級集団に生まれることにつながっていくのです。

133

第2部　指導を変える15のコツ

No. *15*

デュアルタスク機能を高める

全体対応と個別対応

　教員には，子どもにとって小さいながらも社会である学級集団で，子ども同士がかかわり合い，ルールに基づいて生活・学習できるように，子ども一人一人を支援していくことが求められています。

　そこで，全体対応により，子ども個々を集団として組織して，集団生活・活動を通して子どもに個々に自分の思いや欲求を，社会のルールとほかの子どもの気持ちと折り合いをつけながら，満たしていくスキルを育成していくのです。

　そして，全体対応を進めるためには，子どもたちの個人差にも対応しなければなりません。そこで，個別対応も必要です。

　教員は，全体対応と個別対応をそれぞれ独立的に行う場合もあれば，両者をリンクさせながら，デュアルタスク的に取り組む場合もあります。

デュアルタスク的な対応

　デュアルタスク（dual task）とは，二つの課題を同時に課すことを指します。

　教員のデュアルタスク的な対応とは，例えば，全体対応と個別対応が，同時に，並行して実施されている状態です。全体対応が個別対応にも，

134

個別対応が全体対応にもなっているのです。

　また，ある個別対応と違う個別対応が，同時に，並行して実施されている場合もあります。

　そして，うまい教員は，このようなデュアルタスク的な対応をしばしば活用して，子どもを支援しているのです。

インクルーシブ教育システムの中でますます必要に

　教室では，同時に複数の対応が必要なことがしばしばあります。特に，通常学級の特別支援教育を推進していくうえでは，教員のデュアルタスク的な対応が，教育効果を上げるためのポイントになります。

　例えば，次の３点の対応は，今後ますます不可欠なものです。しかも，ときに個別対応というかたちで，同時に求められる場合があります。

①特別支援を必要とする子どもの計画的な支援
②ほかの要因で個別対応の必要な子どもの承認感を高める支援
③すべての子どもへの友達やグループにかかわる能力を育成する開発的支援

　また，うまい教員は，子どもの支援をなるべくタイムリーに行おうとして，デュアルタスク的に取り組みます。子どもへの支援は，タイムリーな対応がその成果に大きな影響をもたらす場合が少なくありませんので，教育効果を高めようとしたら，結果的に同時に，並行的に為されることが必要になるのです。

　つまり，うまい教員は，一方の対応を犠牲にして，もう一方の対応を優先するということができないケースでも，デュアルタスク的に取り組むことで，どちらの子どもも支援しているのです。

第2部　指導を変える15のコツ

デュアルタスク的な対応例

デュアルタスク的な対応例として，次のようなものがあります。

①**人の話に注意を向けられない子どもが在籍している学級集団で（個別対応と全体対応が同時に必要な場合）**

教員は学級集団全体への説明をするときに，注意を向けにくい子どものそばに近づき，視線を定期的に向けたり，肩に手を置いたりしながら，特定の子どもの注意を引きつけながら，学級集団全体のすべての子どもに説明するようにしている。

②**特別支援を必要とする子どもと，ほかの要因で個別対応の必要な子どもが在籍している学級集団で**

教員は特別支援を必要とする子どもに丁寧な個別対応をしながら，一人で取り組めているほかの要因で個別対応の必要な子どもに，あたたかなほほえみを送っている。

（この対応は，教員が特別支援を必要とする子どもに個別対応をする際に，ほかの子どもの不平が高まるのを防ぎます。この対応によって，ほかの要因で個別対応が必要な子どもも，「先生は，自分のことも見守ってくれている」と感じられるからです）

③**特別支援を必要とする子どもと，ほかの要因で個別対応の必要な子どもが3，4人在籍している学級集団で**

特別支援の必要な子どもとほかの要因で個別対応の必要な子どもの小さながんばりをほめながら，教員がそのような対応をしている間に協力してくれている，配慮の必要な子どもを陰で支援してくれた一次支援レベルの子どもにも，「ありがとうね」と感謝の言葉を送っている。

136

column
Q-Uとは

　Q-Uは，子どもたちの学校生活の満足感を調べる質問紙で，標準化された心理検査です。標準化とは，実施条件・方法，採点，結果の解釈について厳密に基準を定め，検査の妥当性・信頼性を確認する一連の手順を指します。教職員がいじめ等の事実判断を行う際，日常的な観察や面接に加えて，定期的にQ-Uを実施していると，より客観的に行えます。

　Q-Uは「学級満足度尺度」と「学校生活意欲尺度」という二つの尺度で構成されています。これは，子どもたちの心の状態を多面的に調べることで，よりよい教育実践につなげようというねらいがあるからです。Q-Uに「ソーシャルスキル尺度」が加わったものがhyper-QUです。本稿では，全国の教育現場で最も広く活用されている「学級満足度尺度」について，代表的な結果の解釈方法を紹介します。

　学級満足度尺度では，「子ども個人の学級生活満足度」「学級集団の状態」「学級集団と個人との関係」を同時に把握することができます。

　子どもたちが所属する学級集団に居心地の良さを感じるのは，（1）トラブルやいじめなどの不安がなくリラックスできている，（2）自分がクラスメイトから受け入れられ，考え方や感情が大切にされている，と感じられる，という2つの側面が満たされたときです。

　本尺度は，この二つの視点をもとに，子どもたちの学校生活への満足感を測定します。（1）を得点化したものが「被侵害得点」，（2）を得点化したものが「承認得点」です。

　結果解釈の方法としては，（1）と（2）を座標軸にして，子ども個々が4群のどこにプロットされているかを見るのが一般的です。

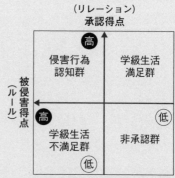

学級満足度尺度のプロット図

① **学級生活満足群**

「被侵害得点」が低く,「承認得点」が高い状態です。この群にプロットされる子どもは学級集団に自分の居場所があると感じており,学級生活や活動を意欲的に送っていると考えられます。

② **非承認群**

「被侵害得点」と「承認得点」が共に低い状態です。この群にプロットされる子どもは学級集団に強い不安を感じている可能性は低いですが,クラスメイトに認められることが少ないと感じていると考えられます。学級生活や活動への意欲の低下が見られることも少なくありません。

③ **侵害行為認知群**

「被侵害得点」と「承認得点」が共に高い状態です。この群にプロットされる子どもは学級集団での生活や活動に意欲的に取り組んでいると思われますが,自己中心的に進めてしまい,クラスメイトとのトラブルが生じていることがわかります。また,深刻ないじめを受けていることも考えられます。

④ **学級生活不満足群**

「被侵害得点」が高く「承認得点」が低い状態です。この群にプロットされる子どもは,学級集団に自分の居場所があるとは感じられず,学級集団で生活や活動することに関して不安や緊張をもちやすい状態にあると考えられます。耐え難いいじめを受けている可能性があります。

また,学級集団の全員の結果を,1枚のプロット図としてまとめることで,学級集団としての特徴がつかめます。ここでは頻出パターンを紹介します。

column　Q-Uとは

Q-U で見る学級集団の特徴

親和的なまとまりのある学級集団（親和型）

ルール高
×
リレーション高

ルールとリレーションが同時に確立している状態

学級集団にルールが内在化していて，その中で，子どもたちは主体的に生き生きと活動しています。子ども同士の関わり合いや発言が積極的に為されています。

かたさの見られる学級集団（かたさ型）

ルール高
×
リレーション低

リレーションの確立がやや低い状態

一見，静かで落ち着いた学級集団に見えますが，意欲の個人差が大きく，人間関係が希薄になっています。児童生徒同士で承認感にばらつきがあります。

ゆるみの見られる学級集団（ゆるみ型）

ルール低
×
リレーション高

ルールの確立がやや低い状態

一見，自由にのびのびとした雰囲気に見えますが，学級集団のルールが低下していて，授業中の私語や，子ども同士の小さな衝突が見られはじめています。

不安定な要素をもった／荒れの見られる学級集団

ルール低
×
リレーション低

ルールとリレーションの確立が共に低い状態

学級集団内の規律と人間関係が不安定になっています。または，「かたさの見られる学級集団」や「ゆるみの見られる学級集団」の状態から崩れ，問題行動が頻発しはじめています。

教育環境の低下した学級集団（崩壊型）

ルール喪失
×
リレーション喪失

ルールとリレーションが共に喪失した状態

子どもたちは，学級集団に対して肯定的になれず，自分の不安を軽減するために，同調的に結束したり，他の子どもを攻撃したりしています。

拡散した学級集団（拡散型）

ルール混沌
×
リレーション混沌

ルールとリレーションの共通感覚がない状態

ルールを確立するための一貫した指導がなされていないと考えられます。子どもたちの学級集団に対する帰属意識は低く，教員の指示は通りにくくなっています。

参考文献一覧

まえがき

中央教育審議会(2016). 幼稚園，小学校，中学校，高等学校及び特別支援学校の学習指導要領等の改善及び必要な方策等について（答申）(中教審第197号).

第1部

中央教育審議会(2012). 共生社会の形成に向けたインクルーシブ教育システム構築のための特別支援教育の推進(報告).

田上不二夫監修，河村茂雄著(1998). たのしい学校生活を送るためのアンケートQ-U(心理検査). 図書文化.

河村茂雄(2017A). アクティブラーニングを成功させる学級づくり：「自ら学ぶ力」を着実に高める学習環境づくりとは. 誠信書房.

瀬尾美紀子(2008). 学習上の援助要請における教師の役割：指導スタイルとサポート的態度に着目した検討. 教育心理学研究, 56(2), 243-255.

第2部

文部科学省コミュニケーション教育推進会議(2011). 子どもたちのコミュニケーション能力を育むために：「話し合う・創る・表現する」ワークショップへの取組.

Johnson,D.W., Johnson,R.T., & Holubec, E.J.(1993). *Circles of learning : Cooperation in the classroom*. Fourth edition. Edina, Minnesota: Interaction Book Company.

石隈利紀 (1999). 学校心理学. 誠信書房.

河村茂雄編著 (2005). ここがポイント　学級担任の特別支援教育：個別支援と一斉指導を一体化する学級経営. 図書文化.

河村茂雄 (2012). 学級集団づくりのゼロ段階. 図書文化.

National Center on Universal Design for Learning (2009). *UDL guidelines*, http://www.udlcenter.org/aboutudl/udlguidelines（アクセス日，2009-10-04）.

Sugai, G. & Horner, R. (2002) : *The evolution of discipline practices: School-wide positive behavior supports*. Child & Family Behavior Therapy, 24 (1-2), 23-50.

Brown, JS., Collins, A., & Duguid, P. (1989). Situated cognition and the culture of learning, *Educational Researcher*, 18 (1), 32-42.

Bandura, A. (1986). *Social foundations of thought and action*: A social *cognitive theory*. New Jersey: Prentice Hall.

Bandura, A. (1977). *Social learning theory*. Englewood Cliffs, New Jersey: Prentice Hall.

河村茂雄 (2017B). 学級担任が進める特別支援教育の知識と実際. 図書文化.

河村茂雄編著, 武蔵由佳・苅間澤勇人・水谷明弘著 (2016). 組織で支え合う！学級担任のいじめ対策. 図書文化.

著者紹介

河村 茂雄 かわむら・しげお

［略歴］
早稲田大学教育・総合科学学術院教授。筑波大学大学院教育研究科カウンセリング専攻修了。博士（心理学）。公立学校教諭・教育相談員を経験し，岩手大学助教授，都留文科大学大学院教授を経て現職。日本学級経営心理学会理事長，日本教育カウンセリング学会理事長，日本教育心理学会理事，日本カウンセリング学会理事，日本教育カウンセラー協会岩手県支部長。

［著書］
『教師のためのソーシャル・スキル』『アクティブラーニングを成功させる学級づくり』（以上，誠信書房），『学級集団づくりのゼロ段階』『学級担任の特別支援教育』（以上，図書文化），『教師のための失敗しない保護者対応の鉄則』（以上，学陽書房）ほか多数。

主体的な学びを促す
インクルーシブ型学級集団づくり
教師が変わり 子どもが変わる 15のコツ

2018年5月30日　初版第1刷発行［検印省略］
2020年4月20日　初版第3刷発行

著　者　河村茂雄

発行人　福富　泉

発行所　株式会社 図書文化社

　　　　〒112-0012　東京都文京区大塚1-4-15
　　　　Tel: 03-3943-2511　Fax: 03-3943-2519
　　　　http://www.toshobunka.co.jp/

装　　幀　株式会社 オセロ

印刷・製本　株式会社 厚徳社

©KAWAMURA Shigeo, 2018　Printed in Japan
ISBN　978-4-8100-8703-1　C3037

JCOPY〈出版者著作権管理機構　委託出版物〉
本書の無断複写は著作権法上での例外を除き禁じられています。複写される場合は、
そのつど事前に，出版者著作権管理機構（電話03-5244-5088，FAX 03-5244-5089，
e-mail:info@jcopy.or.jp）の許諾を得てください。
乱丁・落丁本はお取り替えいたします。定価はカバーに表示してあります。

河村茂雄の学級経営

学級経営についての研究を続ける著者が，学級集団制度に伴う，学校教育最大の「強み」と「危機」を浮き彫りにしながら，集団の教育力を生かす学校システムを生かす教育実践を提案します。

●入門編

学級づくりのためのQ-U入門
Ａ５判 本体1,200円＋税

授業づくりのゼロ段階
Ａ５判 本体1,200円＋税

学級集団づくりのゼロ段階
Ａ５判 本体1,400円＋税

学級リーダー育成のゼロ段階
Ａ５判 本体1,400円＋税

アクティブ・ラーニングのゼロ段階
Ａ５判 本体1,200円＋税

●実践編

Q-U式学級づくり
小学校（低学年／中学年／高学年）／中学校
Ｂ５判 本体各2,000円＋税

学級ソーシャルスキル
小学校（低学年／中学年／高学年）／中学校
Ｂ５判 本体2,400円〜2,600円＋税

ここがポイント
学級担任の特別支援教育
Ｂ５判 本体2,200円＋税

●応用編

学級集団づくりエクササイズ
小学校編／中学校編
Ｂ５判 本体各2,400円＋税

授業スキル 小学校編・中学校編
−学級集団に応じる授業の構成と展開−
Ｂ５判 本体各2,300円

学級タイプ別 繰り返し学習のアイデア
小学校編・中学校編
Ｂ５判 本体各2,000円

学級崩壊 予防・回復マニュアル
Ｂ５判 本体2,300円

シリーズ 事例に学ぶQ-U式学級集団づくりのエッセンス
集団の発達を促す学級経営
小学校（低・中・高）・中学校・高校
Ｂ５判 本体2,400〜2,800円

シリーズ 事例に学ぶQ-U式学級集団づくりのエッセンス
実践「みんながリーダー」の学級集団づくり
小学校／中学校 Ｂ５判 本体各2,400円＋税

主体的な学びを促す
インクルーシブ型学級集団づくり
Ａ５判 本体1,800円＋税

図書文化